香山闲话

复盘明末清初历史

陆汊◎著

滚滚长江东逝水，
浪花淘尽英雄。
青山依旧在，
几度夕阳红。

中华工商联合出版社

图书在版编目（CIP）数据

香山闲话 / 陆沩著 . -- 北京：中华工商联合出版社，2021.11
ISBN 978-7-5158-3176-3

Ⅰ . ①香… Ⅱ . ①陆… Ⅲ . ①企业管理－研究 Ⅳ . ① F272

中国版本图书馆 CIP 数据核字（2021）第 205160 号

香山闲话

作　　者：陆　沩
出 品 人：李　梁
责任编辑：吴建新
装帧设计：张合涛
责任审读：李　征
责任印制：迈致红
出版发行：中华工商联合出版社有限责任公司
印　　刷：北京毅峰迅捷印刷有限公司
版　　次：2022 年 1 月第 1 版
印　　次：2022 年 1 月第 1 次印刷
开　　本：710mm × 1000 mm　1/16
字　　数：137 千字
印　　张：13
书　　号：ISBN 978-7-5158-3176-3
定　　价：56.00 元

服务热线：010-58301130-0（前台）
销售热线：010-58301132（发行部）
　　　　　010-58302977（网店部）
　　　　　010-58302837（馆配部、新媒体部）
　　　　　010-58302813（团购部）
地址邮编：北京市西城区西环广场 A 座
　　　　　19-20 层，100044
http://www.chgslcbs.cn
投稿热线：010-58302907（总编室）
投稿邮箱：1621239583@qq.com

工商联版图书
版权所有　盗版必究

凡本社图书出现印装质量问题，
请与印务部联系。
联系电话：010-58302915

推荐序一

　　这是本很有意思的历史对照企业管理的分析读本。本书篇幅不长，而且作者试图写得轻松易懂、深入浅出，尽量增加它的趣味性。但是要耐着性子读完这本书也并不容易，这要求读者有这方面的兴趣而且有一定的知识底蕴。作者称这本书是送给女儿的礼物，恐怕只有真正读过这本书的人才能理解。

　　读史使人明智。本书论及企业经营，对历史人物也多有点评，显然是有以史为鉴的想法。不过值得称道之处，却还是书中体现出的深入思考精神。

　　"人类一思考，上帝就发笑。"这句犹太谚语借着米兰昆德拉的大作得以广为流传。但是如果人们不再深入思考，那么随之而来的就是停滞和落后。所以，即便是上帝最虔诚的信徒也不得不承认：人类，不会因为造物主发笑而停止思考。

　　本书就是最好的佐证。

乐求

2010年2月

推荐序二

　　读好书是一种享受。品味此书如饮醇酒，既可体会一饮而尽的痛快，又可小酌浅啜，细细品味，跨越时空和作者笔下的历史人物有所感应。令人不由得设身入局，或扼腕叹息，或会心一笑。

　　明朝末年这一阶段是中国历史上最具特色和代表性的时期之一，真可谓风云变幻，英雄辈出。这一时期的形势格局、人物性格、战略决策等都有着非常鲜明的特色。作者再写甲申，对历史人物和格局的分析，无不是信手拈来，恰到好处，以明末为主线又不拘泥于此，纵横开阔。

　　本书从多个不同的视角来解读这一时期的精彩历史，以类似棋局复盘的方式来推演历史，实在值得一读。我曾建议一个商学院的朋友，将此书作为MBA的教材，结合最近的商场实例，形成一个系列的讨论和研究。对学员提高分析判断能力，把握不同局面的控制力，因地制宜、因势利导地制定战略决策等方面都将有非常大的帮助和提高。

　　真实的历史要比传奇小说更精彩、更具戏剧性，让我们在历史大片中享受精彩时刻，汲取营养，提高自身。

庭武

2010年3月广州

再版自序

有想法写这本书是在2005年，那一年我的女儿出生，我这个当爸爸的就想写一本书来纪念这个小生命的诞生。本书的上一个版本，是2010年在北京香山完稿的。这本书出版的时候，我女儿已经五岁了，胖乎乎的，拿着爸爸写给她的书当玩具。从那时候起，到现在又过了十年，女儿已经是中学生了，不过对爸爸这本书还是一点兴趣都没有。也许再过十年甚至二十年，女儿才有可能愿意读一读爸爸的书。

我的工作比较忙，压力很大，只能抽时间写书。写这本书的代价不算小，头一版足足写了五年，还是有很多遗憾之处。从上次出版到现在的十年期间，不少朋友给我提了修改建议，我自己则对原版的内容颇感汗颜，因此在疫情期间封闭在家的时候重新修订，希望能够对得起朋友们的厚爱。

这本书的主旨是通过回顾反思历史来思考分析企业的发展之路。与上个版本相比，修订的内容加强了对历史人物和事件的分析，尝试更加设身处地从历史人物当时的处境去衡量其抉择的合理性。另外也增加了对企业发展路径的思考内容。个人浅见，研究历史除了常规的方式之外，应该运用军事、经济等多方面的知识对历史事件进行多维度的分析，对史实真伪进行"业务稽核"，可能会有不少新的收获。本书也在这方面有所尝试。

时光飞逝，如白驹过隙。我很怀念十年前在山居中夜读的情景，窗外夜色里西山林场松涛阵阵。

谨以此书献给我的女儿，我的家人们，也献给同道朋友们。

作者

2021年2月

初版自序

　　这本书是一本历史普及和分析读本，通过对明朝末年明亡清兴过程中的一些历史事件的分析和推演，来探讨一个朝代的兴衰之道。推而广之，其中的道理对家庭、家族、企业甚至一些社会组织都是适用的。

　　对一个组织来说，对它的兴衰影响最直接的因素，依次排列应该是：大环境和形势、人才和战略、利益分配、制度和治理思想、价值观和危机感。但是，对一个组织的兴衰影响最深远的因素，恰恰要把上述顺序倒过来。这本书探讨的其实就是这个内容。

　　为了让内容更加生动活跃一些，这本书采用小说的体裁，加上人物对话的形式，把要讨论和表达的东西贯穿其间。一些人物的原型是我过去的同事和朋友，当然，没有使用其真名，在此一并表示谢意。

　　本书中有大量历史和战争背景介绍材料，以方便读者了解相关事件发生的背景。这些背景介绍基本上是从相关历史和军事书籍中摘录整理而来，并非作者的创作（一小部分客观分析评述内容除外）。书中对社会制度、经济等的一些论述，如果没有专门指明时期，则专指明朝和明末清初一段时期。

本书所引用内容最多的书籍除《资治通鉴》《明史》《清史》外，主要是《中国历代军事史略》和《万历十五年》，其他一些参考内容作者在行文中尽量指出其出处。

本人并非专业人士，用业余时间来写作，才疏学浅，加上治学不够严谨，恐怕还有很多引用没有注明准确出处，疏漏之处还请读者不吝指教，以便提高。

作者

2010年3月

目录

第一章

山形龙隐

此伏彼起，超级企业的兴衰荣辱

1999年10月17日，农历重阳节。

清晨六点，在香山公园一条通往山顶的石阶路上，三三两两的游人在登山。天色尚早，而且不是假日，红叶季节里常有的那种摩肩接踵的壮观景象并没有出现，公园里显得清幽自在。山路上空气不仅非常新鲜，而且还含着一种特有的香味，让人很有点沉醉的感觉。

秋天是北京最美的季节，香山则有北京秋天里最美的景致。香山山麓上遍布枫树、松树、黄栌。天高云淡，红叶满山，层林尽染，美景名闻天下。香山的最高峰是香炉峰，每到雨雪晨昏，山峰附近云雾缭绕，如同袅袅升空的庙中香烟，很有"日照香炉生紫烟"的味道。香炉峰高大雄伟，山势陡峭嶙峋，要登上香炉峰顶，就要经过九曲十八盘的崎岖山路。

在登山者中，有祖孙三人在不紧不慢地往上走。爷爷古金走在前面，他的儿子古岳和孙子古江紧紧跟随。古金已是70多岁的老人了，面容清瘦，个子不高，但腰杆笔挺，一副浓眉下目光如鹰，给人不怒自威的感觉，这是常年军旅生活的烙印。古岳年纪在50岁左右，相貌酷似母亲，身形魁梧，弥勒佛般的圆脸上总有一丝笑意。古岳早年经商，高峰时激流勇退，现在除了陪伴父亲之外，平日青灯黄卷，研究经史佛学，常与三五好友清谈。古江二十岁上下，个头很高，长得很秀气，充满了年轻人的朝气。古江的面容与爷爷年轻时很相象，却丝毫没有爷爷当年的骁悍气质，反而有一点贾宝玉的味道，多才多艺，弹得一手好钢琴，很有女孩缘。他已经是大学三年级的学生了，攻读的是经济与历史双学位，平时爱和同学高谈阔论，很有思想。

古金就住在香山脚下的部队干休所，古岳也就经常陪着父亲爬山。今天古金的老部下肖炎要来看他，他们约好十点在双清别墅见面。之前祖孙三人要爬上香炉峰，欣赏一下香山的晨景。祖孙三人步履轻快，不久就登上了山顶。

此时太阳初升，晴空万里。站在顶峰西南方的白玉观景台上，四方景色尽收眼底。南面是西山和八大处景区，山如屏风，松柏常青，寺庙香火不断，是著名的风景名胜。西面和北面是燕山山脉，群山峰峦起伏，连绵不尽，让人不禁产生山外有山之感。东北方向，则是金山、玉泉山和颐和园、圆明园等皇家园林的所在。玉泉山上宝塔耸立，亭台楼榭依山而居，烟树深处的昆明湖宛如一面圆镜。东南方向，远远的地平线上便是高楼林立的北京市区，绿树点缀其中。城市刚刚苏醒，新的一天开始了。

古岳微微一笑，说："从风水上说，香山这一带是一个龙形，龙头向东遥瞰北京城，龙身先向西又盘旋向东，形成一个巨大的盘龙。过去皇家园林多在这一带，清朝八旗军大多驻扎于此，都是有所讲究的。"

他指着旁边的重阳阁说："重阳阁，也叫重阳亭，是过去皇帝每年九月初九重阳节的登高处，但那时其实没有亭子，只是用黄缎搭成帷幄，为临时休息之所。现在的重阳阁是后来修建的。据说明清皇帝入主北京之前，多在香山驻跸，以近龙脉吸取龙气。又有传说，李自成当年不懂风水，急急忙忙闯入北京城，结果又匆匆忙忙地退了出去。"

古金笑道："你总是喜欢这些神秘主义的东西。说起来，50年前平津战役的时候，我还在这附近看过地形呢。那时候满脑子都是如何打仗，从没有欣赏过山上的景色，更没有听说这里面还有这么多讲究。"停顿了一下，古金又说："当年毛主席进北平前就对周围的人说，'我们是进京赶考'，又说'我们进北平，可不是李自成进北平，他们进了北平就变了'。主席当年头脑是很清醒的。"

古岳微笑不语，他很理解父亲，虽然他有自己的思想。很少有人象他这样，从小到大，甚至在事业取得很大成就的时候，都一直把自己父亲当成偶像和一座无法逾越的高峰。父亲1942年在苏北参加八路军打日本鬼子，从一个娃娃兵成长为部队里的一名悍将，年纪轻轻就被委以重任。战争年代，能力和战功是最被看重的，年龄却不是什么障碍。从东野六纵到后来的五十四军，父亲无役不与。他的部队一直是主力里的主力，作战不仅凶猛顽强，而且非常机敏，战术灵活多变，既是凶狠的狮子也是狡猾的狐狸。经历了东北的夏季、秋季、冬季攻势，再从辽沈、平津战役到南下的衡宝战役，直到抗美援朝、对印边境自卫反击战，经历了无数恶战。对印边境自卫反击战结束后，父亲伤病缠身，从此离开作战部队，转入军事院校深造，之后开始从事军事战略教学和研究工作。

"爷爷，您是不是有'前不见古人，后不见来者，念天地之悠悠，独怆然而涕下'的感慨？或者，'古今多少事，都付笑谈中'的心情啊？"经常触景生情的古江幽幽地向爷爷古金问道。

古金没有说话，微笑着拍了拍孙子的后背。

古江又说道："明亡清兴那一段历史距今已经350多年了。崇祯悲惨亡国，李自成也是昙花一现，最终的胜利者是清王朝。后人对这一段历史有很多评价，包括郭沫若的《甲申三百年祭》，被称为名篇。那么明朝为什么灭亡，李自成为什么又最终失败，现在是不是能够把原因分析清楚？"

古岳缓缓说道："这一段历史确实值得深思。不同于一般的亡国之君，崇祯皇帝其实是一个很有能力的人，也很有志向，一心想要让明朝中兴。即位不久，17岁的时候，就能够以相当老练的谋略和果断铲除权臣魏忠贤，表现了很强的政治手腕，丝毫不比康熙铲除鳌拜逊色。当时的臣民对他寄予了非常高的期望，誉为'神明自运，宗社再安'，希望他能够一举扭转正在走下坡路的明王朝的颓势。他非常勤奋，在位17年，节俭自律，不近女色，日夜勤于政事，史志称其'鸡鸣而起，夜分不寐，往往焦劳成疾，宫中从无宴乐之事'。就是这样一个人，最后竟然成了亡国之君，这是当初谁也没有想到的。"

古岳转头问父亲，"您怎么看？"

古金对这个话题倒是很感兴趣，略略沉吟一下说道："明朝的覆灭有多方面的原因，军事方面、政治方面、经济方面的原因都有。如果从军事战略角度来说，崇祯继位之初就处于两线作战的困境中，既有内线对农民军的作战，又有外线对清军的作战，这是他失败的直接原因。这跟历史上某些国家一直企图避免两线作战，但最终没能避免而导致失败的情况是有类似之处的。但是，一般说来，历史上大国的两线作战大多都是外线作战，而且往往在战争初期还占据一定的主动性；而崇祯则是被动地既面临内线作战又面临外线作战，而且对手都很强大，这种情况下是很难避免失败的。当然，政治经济等其他方面的原因可能是更深层次的原因。至于李自成进京后为什么会失败，郭沫若的《甲申三百年祭》里提到的原因恐怕还不是实质性原因，毛主席当年也是借用它在政治上的警醒意味，是别有深意的。李自成的失败，主要还是军事战略上的失误导致的，他进攻北京的决策就是错误的。等肖炎来了给咱们深入讲讲，他可是战略研究的行家，就好谈兵，待会儿听他侃侃吧。至于其他方面的原因，可就得摆个更大的龙门阵了"。

古金看了看表说："时间还早，咱们在亭子里坐一会儿，聊聊这个话题。"

崇祯皇帝的最后时刻

公元1644年，崇祯十七年三月十八日，闯王李自成对北京全城发起攻击，北京城危在旦夕。十八日深夜，崇祯皇帝和周皇后召来皇子兄弟三人，做最后的诀别。崇祯对三个儿子一番叮嘱，周皇后搂着三个儿子哭成一团，在场者泪如雨下。随后，崇祯让人分别将弟兄三个送到宫外。周皇后回宫自缢而死。十九日凌晨时分，崇祯皇帝在宫外的景山上上吊自杀，太监王承恩殉死。

人们发现崇祯帝尸体时，见其披发掩面，身穿蓝衣，左足赤露，右着朱靴，情景无比悲惨。衣前书写一段文字："朕自登极十七年，逆贼直逼京师。虽朕薄德藐躬，上干天咎，然皆诸臣之误朕也。朕死，无面目见祖宗于地下，去朕冠冕，以发覆面，任贼分裂朕尸，勿伤百姓一人。"

崇祯的这一段遗书可谓痛心至极。尽管他还是归咎于"诸臣之误朕"，但是临死前还觉得死后"无面目见祖宗"，实际上还是把责任归于自己。即使是如此，他还不忘了说一句"任贼分裂朕尸，勿伤百姓一人"，到死的时候，至少还想到了百姓，也不愿百姓遭难。这也是对后来当权者的提醒罢了。崇祯当然明白胜者王侯败者贼的道理，他只是希望新的皇帝王侯们看到他的这番话，至少会有所收敛吧。

崇祯的死不是过去灾难的结束，反而是新一轮更大灾难的开始。李自成部刚刚进入北京就开始军纪不整，山海关之战失利后更是一路抢掠直到最后覆灭，张献忠的屠川则更是惨绝人寰。清军入关后开始时纪律尚可，之后不久就亮出屠刀大肆杀戮，"扬州十日""嘉定三屠""广州屠城"等大屠杀，至今令人心悸。至于当时残存各地的明军在烧杀淫掠方面与当时遍布各地的土匪武装毫无二致，甚至有过之。各地百姓遭受了巨大灾难，人口锐减，出现了中国历史上少有的一次人口大灭杀。

公元1644年，统治中国276年的大明王朝覆灭了。

史料解读二

后人对崇祯皇帝的评价

崇祯皇帝是亡国之君，但绝非昏庸之君，这一点在史料里有很多佐证。

《明史》中是这样评价崇祯的，"帝承神、熹之后，慨然有为。即位之初，沈机独断，刈除奸逆，天下想望治平。惜乎大势已倾，积习难挽。在廷则门户纠纷，疆场则将骄卒惰。兵荒四告，流寇蔓延。遂至溃烂而莫可救，可谓不幸也已。然在位十有七年，不迩声色，忧劝惕励，殚心治理。临朝浩叹，慨然思得非常之材，而用匪其人，益以偾事。乃复信任宦官，布列要地，举措失当，制置乖方。祚讫运移，身罹祸变，岂非气数使然哉"。

《明史》是清朝编撰的，对于崇祯皇帝这位长期宿敌，这个评价算是相当高了。而推翻崇祯皇帝的李自成，在他向北京进军的檄文中竟然也承认"君非甚暗"。

《绥寇纪略》中描述："上焦劳天下十有七年，恭俭似孝宗，英果类世庙，白晳丰下，瞻瞩非常，音吐如钟，处分机速，读书如盈寸，手笔如欧阳率更。有文武才，善骑，尝西苑试马，从驾者莫能及。讲射观德殿，挽三石弓，发辄命中。暇则用黄绳穿坠石而用手擎之，曰，吾以习劳也。"

《崇祯遗录》中说："烈皇帝以仁俭英敏之主，遭家不造，忧勤十七年卒以亡。天乎其人邪！凡祸之所以来，非无故矣。治国必需经济之才，而以八股取士，所取非所用，故内外大小臣工，求一戡乱致治之才，满朝无一人。皆贪污奸佞，诈伪成习，惟知营私竞进，下民共咨而不恤，纲纪日坏而不问，百政废弛，举天下事委之吏胥。而在位者率朝夕饮酒赋诗，戕民取钱以自乐，循资格致卿相而已。嗟乎！上即位，诛逆珰，斥抑宦官，虚心委任大臣。而所谓大臣者类如此，天下事尚可为乎？以致边疆日蹙，秦、晋、中原，盗贼蜂起。环顾中外，无一足恃者。于是破格用人，求奇才，图匡济。而廷臣方持门户。如其党，即力护持之，误国殃民皆不问。非其党，纵有可用之才，必多方以陷之，务置之死而后已。而国事皆不顾，朋比为奸，互相倾害……天子孑然孤立，彷徨无所措，而宗社随之。然则国家沦亡，谁之罪也？每召对大臣，窃闻天语煌煌，询问安危大计，而廷臣非惭汗不能言，即嗫喏举老生之常谈以塞责。间有忠鲠敢言之士，而所言又皆疏阔迂腐，不知时务，不可用。实堪遗恨千古！"字里行间，充满了无尽的遗憾。

　　从上面对崇祯皇帝的评价来看，崇祯本人勤政、俭朴，不好声色娱乐，志向高远，有决心挽狂澜于既倒，拯救处于危局中的大明王朝。就这些方面来说，崇祯就远强于自己的父、兄，也远强于明朝的大部分皇帝。对于崇祯的个人能力，客观评价来说也是比较强的。如果是在承平时期，他肯定是一代明君，在史书上留下美名。但是这样一个人，怎么成了亡国之君？万分遗憾之余，这也是本书中要次第展开讨论的内容。

第二章

见龙在田

求之于势，企业发展须顺势而为

亭中落座，古金鼓励孙子，说："说说你的看法，没关系。"

其实古江倒用不着爷爷鼓励，他早就跃跃欲试了，于是说道："这是一种命运的安排，任何朝代都会衰亡，封建王朝的专制制度导致了它的灭亡。从秦朝到清朝这些朝代都是君主专制制度，其共同特点就是权力高度集中在皇帝手中。在秦汉时，官员的地位还是挺高的，上朝时可以坐着；到了隋唐，只能站着；明清时就只剩跪的份儿了。这表明皇帝地位不断提高，官员的地位不断下降，这是专制皇权不断加强的结果。而相权也随皇权的加强而削弱了。由于权力过分集中在皇帝手里，皇帝的才能和表现就直接决定了王朝的命运。

"崇祯即位时面临着复杂的政治形势。农民起义、后金军队的入侵、灾荒、大臣之间的党同伐异，都是让他头痛的难题。但是，他的用人之拙、疑心之重、驭下之苛刻，正是加速了明朝灭亡的催化剂。所以，崇祯确实应该对明朝的灭亡承担相当的责任，甚至是主要责任。"

古江说完，望了望爷爷和父亲，下意识地用手梳理了一下头发。

古金默然一笑，古岳则接上了话茬，说："你的观点跟现在很多历史书上的观点类似，对崇祯其人的评价有些脸谱化了。崇祯本人确实存在一些缺点，但是后世将其过度夸大，甚至把明亡的主要责任推到他头上，这是不恰当的。一个人的个人才能发挥离开不了环境和形势，所谓时势造英雄，英雄顺时势。前者才是矛盾的主要方面。离开了大环境、大形势，再有能耐的大英雄也无处发挥。崇祯本人的能力和勤政都有值得称道之处，但是问题在于他接手的是个烂得不能再烂的摊子了。最要命的是，这个烂摊子还是金玉其外败絮其中的，上从皇帝下至臣民都没有意识到形势的危险，等大家都意识到、看明白的时候已经晚了。

"而且，任何一场博弈，其结果是由参与者们在相互较量中共同决定的。如果对手很强大的话，取胜的概率自然就小很多，其实这也是整个环境和形势的一部分。崇祯在这一点上恰恰很不幸，他的两个主要对手皇太极和李自成恰恰都是非常可怕的对手。

"崇祯的真正悲剧在于，他踏入这场博弈的时候，天时地利人和就都已经不在他这一边，从一开始就注定他彻底输掉这场博弈的概率是非常之高的。崇祯十七年如一日的勤政不是没有效果的，如果不是他，而是万历或者天启继续待在皇帝宝座上，明王朝会灭亡得更早。但是，他取得的一些成果和胜利总是很快被更大的失败淹没，而他的缺点或者失算之处却经常引起一连串的灾难。而任何人都不可能不犯错误。

"从万历中期开始，明王朝就在走下坡路，而且在内外部因素作用下已是越滑越快。到崇祯接手的时候，已经从山顶快滑到悬崖边了。明王朝是个庞然大物，它的倾颓固然不是一朝一夕的，但是遏制它的下滑同样要面对它的巨大惯性。崇祯已经尽力了，但是显然不足以扭转乾坤。我们姑且大胆猜想一下，假如是皇太极或者康熙坐在崇祯的位置上，情况会怎么样？恐怕最终也是回天无力。

"崇祯在位十七年，一直是天灾人祸不断。他就像是一个救火队长，天天忙于处理急务，经常通宵达旦，甚至有两天不合眼的情况，'宫中从无宴乐之事'。这确实是没办法。问题是，在这种情况下他来不及也没有条件去解决一些全局性的或者根本性的问题，也就无力从根本上扭转形势了。"

古江听得有点发愣，有点不服气地说："照您这么说，崇祯就不必为明朝灭亡负责了吗？他的那些缺点也就无关紧要了吗？"

古岳停顿了一下，觉得古江还是没有听懂他的意思，就继续说："崇祯的最大失误，应该就是他对大形势的判断出现错误。崇祯继位的时候，已经是坐上了一个活火山口，随时可能喷发。但是崇祯和他的臣僚们对此却没有清醒的认识，还希望能够复兴明朝，再造盛世，对形势的危险程度缺乏深刻的了解。这种错误判断对后来崇祯的很多重要决策都产生了致命影响，也是他失败的一个重要原因。

"总的来说，我们在总结和评价历史的时候，不要过多夸大个人的原因，尤其是在一个特定阶段里。决定胜负的因素中，环境和形势是一个非常直接的因素，所谓形势比人强，确实是这个道理。

"从另外一个角度看，形势判断是非常重要的。错误判断形势造成的问题是极为严重的，很容易导致战略决策的一系列失误。"

古金点了一下头，转头对古岳说："时间还早，把你的观点跟小江详细说说，他以前读到的都是书本上的知识，你的观点多少还是有点新意的。"

"呵呵，我的大部分观点其实已经是大路货了"，古岳笑道，"其实小江学历史专业，我说的这些史实他都知道，不同的地方就在于怎么分析了。首先，我们看看崇祯接下来的是个什么样子的摊子。崇祯的两个主要前任，一个是他的爷爷万历皇帝，一个是他的哥哥天启皇帝。万历皇帝是中国历史上有名的昏君，在位48年，亲政38年，在亲政的大部分时间里他完全处在不负责任的状态中。他有28年不上朝，政事基本上处于半瘫痪的状态。除此之外，万历贪财、好色，喜欢酗酒。在搜刮民脂民膏方面，万历却挖空了心思。在万历年间，明王朝朝野风气败坏，粉饰太平，奢靡之风日甚一日。官僚权贵阶层一方面极度腐败，结党营私，内部斗争不断，另外一方面在盘剥百姓方面则无所不用其极。一方面国家统治机器已经生锈失灵，政令不行；另一方面百姓大众生活日趋困苦，民心思变。表面的太平局面下，已经潜藏着极为危险的动荡因素，只是在等待导火索罢了。实际上，明王朝的掘墓者后金政权，也就是后来的清政权，就是在万历年间逐渐发展壮大起来的，在万历末年已经不可遏制了。与后金的不断战争消耗了大量人力物力，百姓被进一步大肆搜刮，加之长期的积怨，明王朝的内部矛盾被引燃，大量小规模的民变逐渐演化为大规模造反。打个比方，在万历之前，明王朝还算正常，但已经有颓势了；到了万历手里，他就把明王朝从山脊上直接推向了悬崖。至于它什么时候会从悬崖上摔下去直至粉身碎骨，就是个时间问题了。至于天启皇帝，虽然在位只有七八年，但他的所作所为与万历大同小异，也同样不理政事，却听任宦官魏忠贤把国家搞得一塌糊涂。如果说万历把明王朝从山脊上推向悬崖，那么天启则是毫不留情地在明王朝身上踹了一脚，让它坠落得更快一些。崇祯接手的，就是这么一个烂摊子。内忧外患步步紧逼，他已经没有时间和机会了，只不过在继位之初，他还没有意识到这一点。

"但是他的对手们却人才辈出，异常强大，真是令人徒唤奈何。努尔哈赤从十三骑起兵，逐渐统一女真，并进占东北大部，给继任者皇太极留下一支当时无比强大的八旗铁骑和济济将才。崇祯的主要对手皇太极也是一名非常杰出的军事家和政治家，在他的手里清政权得以进一步巩固和发展，他安定了内部，征服了蒙古和朝鲜，吸纳了大批明朝降官降将，多次入关攻明，并且在对明朝的决战——松锦会战中取得全胜。皇太极的实际继任者多尔衮竟然也是一位军政双全、见识超群的统帅。他抓住机会迅速击败李自成，进占北京，之后制定了正确的战略方针，政治上拉拢汉族士人，免除明朝的各种苛捐杂税，以争取民心；军事上依据正确的顺序依次击败了李自成、南明政权、张献忠，迅速统一了全国。即使是推翻明朝但最终失败的李自成，也是一个英雄人物，是中国历代农民起义领袖里的佼佼者，确实是智勇双全、富有胆略。"

古金一直在看着远方，这时插了一句话："李自成确实是一位非常优秀的战役指挥将领，他的失败主要还是因为碰到了战略更加高明、战斗力更强的清军。"

"崇祯在这样的内外部环境下，要避免失败是很困难的。"古岳接着说，"脱离了具体环境和形势，光靠主观努力和个人意志，是很难有作为的。再成功的英雄人物，不管过去的经历多么辉煌，主观愿望脱离了大形势也是会失败的。曾国藩说的好，'不信书，信运气'。其含义就是无论一个人本事多么大，能力多么强，做成任何事情也不能居全功，要让一半与'天'。这个'天'就是指大环境、大形势，当然还包括一定的机遇。在一个特定时期内，对于一个组织来讲，不管它是国家、企业，还是其他任何组织类型，环境、形势包括机遇是影响它的最直接、最迅速、最明显的因素。做任何事情，对大形势都要有足够清晰客观的判断，逆势而动是很容易失败的。"

　　古江从小到大一帆风顺，一直被看作是同龄人中的佼佼者，是被保送进的大学。在人才济济的学校里同样也是出类拔萃的，在同学中以思想敏锐、开放雄辩著称。在内心深处，他多少是有点瞧不起终日读佛念经、寡言少语的父亲的。没想到谈起历史来，父亲居然说出这么多东西来，不禁有点意外。

　　"那么，既然崇祯的个人能力出众，也很勤勉，而且满朝大臣加上当时的士林，应该说人才众多，那为什么还是出现了对形势的误判？"古江又问道。

　　古岳沉吟了一下，说："你提的这个问题才是个真正的难题，要说清楚恐怕不易。对大形势的判断，难就难在永远都是碰到新情况，因为你不可能第二次踏入同一条河流，在这个问题上也就经常存在很多误区。

"头一点要说的是，对形势的判断，参与的人多结论未必就准确。众说纷纭，相互影响，到最后连清醒的声音都被淹没了。其实像皇帝的新装这样的童话，在历史上一再上演，只不过换了个形式而已。企业里的决策，大多数也是'听大家发言，跟少数人商量，一个人拍板'，在这种事情上人海战术没有用。

"其次，少数参与核心讨论的专家，也未必就靠得住。在这个世界上，浪得虚名的人太多了，真正的人才可不多。刘邦得天下，真正能够帮上忙的除了萧何、张良、韩信外，不过是陈平等寥寥数人，吃饭的话坐一个圆桌就全容纳下了。刘邦能找到这几个人，就非常了不起了，一是他有眼力，再者项羽也确实留不住人。很多所谓的专家，要么心存私利，要么敷衍塞责，要么有名无实，那些错误的决策旁边不也站着很多负有盛名的专家吗？

"所谓的权贵，往往也是靠不住的。他们位置高高在上，看似统观全局，实则脱离实际。老百姓对这些权贵们可能有一种神秘感，但是春秋战国时期曹刿所说的'肉食者鄙，未能远谋'也许更符合实际。一个合理的决策流程肯定有助于减少决策失误，但是也不能保证决策的正确。"

古金嘉许地点点头。

古岳接着说道："人性是有弱点的，人们总是相信自己愿意相信的，总是有把事情想得过于乐观的倾向。从企业经营角度说，任何一个组织的核心人物，都应该时时刻刻保持清醒的头脑。在任何一个组织内部，报喜不报忧的人往往多于说真话的人，而组织里说真话的人和危机意识很强的人，则往往会遭到别人的反感。凡此种种都容易使决策者不愿去承认危险和正视危险，从而导致判断和决策错误。古往今来，历朝历代，都不缺马屁精，把危机四伏的时代硬说成是盛世，却没有多少人能说出盛世危言。决策者保持清醒头脑是十分必要的。

"我们在今天看，崇祯继位的时候，明王朝已经是摇摇欲坠了，这当然是确论了。可是，当崇祯在紫禁城中被山呼万岁的时候，在那么宏大的场面前，他能够相信大厦将倾吗？在场的任何一个人也不会相信的，即使有人敢这么想，也没有人敢说啊。

"你让崇祯承认他继位的时候，明朝就不是什么天朝大国，而是一个濒临倒闭的烂摊子，他的爷爷万历已经把能够挥霍的资本都挥霍得差不多了，他能够承认吗？当时肯定有人看清楚了形势，但是这些人的声音和分析未必能够传到他耳朵里。而崇祯周边的群臣多为庸庸碌碌之徒，'明于私利，昧于大义'，'坐谈高论，无人可及，临机应变，百无一能'。有很多人在出主意的时候考虑的是自己的私利，这些主意很多都是傻主意。整个明王朝的官僚体系都是如此，这个腐败昏庸的官僚体系也是崇祯继承的烂摊子的一部分。很多时候外部环境很差，倒还不是致命的，内部因素其实才是致命的。判断形势的时候，要把这个因素考虑进去啊。天时、地利、人和，缺一不可。"

古江再不服气，也得对父亲刮目相看，佩服地说："老爸，您对历史的研究很有一套啊。"

古岳一笑，说："哪里啊，过去做企业有点心得，读历史的时候就结合了一下，纯属业余爱好。在你爷爷面前算是班门弄斧了，其实爷爷什么都明白，他就是不说。"

古金也被儿子逗乐了，一向严肃的脸上有了一丝笑意，说："时间不早了，咱们去双清别墅吧，别让肖炎等我们了。"

万历皇帝

崇祯皇帝的爷爷，也就是万历皇帝（明神宗）朱翊钧，十岁即位，在位48年，是明朝历史上一个特殊人物。即位后的前十年因为他年幼，由他的老师内阁首辅张居正辅佐。张居正死后万历开始亲政，逐渐不理朝政，无所作为，导致内部矛盾重重，江河日下。在此期间努尔哈赤在白山黑水之间兴起，成为明王朝覆灭的开端。

万历初年，张居正锐意改革，颇有成果。张居正精于政务，推行"考成法"以整顿吏治，并推行"一条鞭法"来简化税收，成效明显。张居正辅政以来，国库粮食充盈，足够十年之用，"太仆金亦积四百余万"。这一时期，原本每况愈下的明王朝内外形势大有好转，海内升平，史称"万历中兴"。

张居正死后，万历皇帝亲政，对张居正的"一条鞭法"及各项改革不以为然，张居正建立的种种制度被逐步废弃。而且，随着年龄增长，万历皇帝却越来越懒政不作为。起初是不愿意上朝听政，后来连大臣们的奏章也不批复，直接"留中"不发。万历的不作为后果相当严重。按照明朝的制度，皇帝是政府的惟一决策者。一旦皇帝不愿处置但又不轻易授权于太监或大臣，整个文官政府的运转就可能陷于停顿。据《万历十五年》所载，万历三十年（1602），南、北两京共缺尚书3名、侍郎10名；各地缺巡抚3名，布政使、按察使等官66名、知府25名。按正常的编制，南、北二京六部应当有尚书12名，侍郎24名，这时总共缺了近三分之一。到万历四十一年（1613）十一月，南北两京缺尚书、侍郎14名。在地方的行政管理方面，有时必须由一个县的知县兼任邻县的知县。万历后期政府运作的效率如此之低，已经接近于集体不作为了。

万历皇帝亲政38年，有28年不上朝，整个政府陷于半瘫痪状态，与他的孙子崇祯皇帝夜以继日地处理公务相比，实在令人感慨。但是万历并不同于一般的昏君，他虽然不上朝，但对于朝廷里的种种事情却了解得很清楚，精于权斗，把百官玩弄于股掌之间。万历之所以如此，一方面是他习惯于酒色享乐，另一个原因是他因为立储和礼法之类的事情与大臣们在闹别扭，身为皇帝公然闹起了"罢工"。皇帝如此委顿，百官们也不闲着，官僚中党派林立，互相倾轧。东林党、宣党、昆党、齐党、浙党，门户之争无日无之，日趋激烈。

万历皇帝耽于享乐，上行下效，朝廷上下穷奢极欲，挥金如土。"万历以后，迄于天、崇，民贫世富，其奢侈乃日甚一日。"有明一代，皇室宗亲得到了朝廷的特别照顾，待遇之高在中国几千年历史里也是空前绝后的。到万历时期，皇室人数已经多达百万，这些人不事生产，全部由国家供养，而且是高规格的供养，仅宗室皇庄田到万历时期就有20万顷以上，这些田产还都是不交税的。至于其中不少人日常违反法度，对黎民百姓巧取豪夺，侵占土地财产，已经是司空见惯、家常便饭。皇室人员规模已经如此庞大了，还有人数更多的各级官僚、各地富豪，不断囤积财宝，窖藏金银，求田问舍毫无节制，土地兼并越演愈烈。

与奢靡的生活风气相伴而行的是吏治上的高度腐败，贪官遍地，货贿公行。各级官职都是公开标价，价高者先得。各级官吏都是先花钱买官，然后到任之后敛财以自肥。一些官员甚至要先借钱买官，然后再在任内聚敛还债，把当官做成了一门生意。在民间，贪官污吏们的横征暴敛，更是火上浇油，让百姓们的生活更加困苦，人心思变。在军队里，武将们同样克扣士兵们的钱粮，严重削弱了明军的战斗力。

不论是皇室人员还是官僚豪绅，都有程度不同的特权，被视为天经地义。国家的各种负担，包括发生战争而引起的捐税，一概由普通百姓承担。万历年间发生的一系列战争，连年持续不断，军费花销无度，因此引发的各种苛捐杂税让百姓们苦不堪言。

万历中期，先后在西北、西南和朝鲜爆发了三场战争，这就是著名的"万历三大征"，分别是宁夏之役、播州之役、朝鲜之役。三场战争耗费巨大，仅军费就高达上千万两白银。虽然万历三大征都取得了最终胜利，但是国力消耗巨大，成为大明王朝最后的辉煌。

从明朝开国直到万历年间，虽然也经历了一些局部战争，但是总体上没有大的动荡，承平日久之下，人口激增。当时人多地少，相当多的人口找不到出路，一部分人冒着危险逃入山林开荒、采矿，大部分则逃亡他乡成为游民，社会矛盾相当突出。在这种情况下，万历皇帝长时间的不作为，浪费了危机爆发前的宝贵时间，坐观王朝变成了一座随时爆发的活火山。等到崇祯皇帝上台的时候，内忧外患已经让奋发图强的年轻皇帝无力回天了。

从万历即位到明朝灭亡，中间间隔了72年。这其中，万历前十年是张居正辅政，国力还在上升，一度实现了一定程度的"国富民强"，奠定了"万历中兴"的基础。之后有38年是万历亲政时期，到了万历末期，整体形势上已经是江河日下了。

《明史》这样评价，"论者谓：明之亡，实亡于神宗"。后世以此为公论。当然，从今天的角度来看，"明实亡于神宗"的说法也不是没有值得商榷的地方。对比清朝（吸取了明朝的大量教训），清朝的皇帝们大多是非常勤政的，比较典型的像雍正皇帝。而像嘉庆、道光这样的皇帝，还相当俭朴，相比明朝而言皇室开销很小。清朝虽然存在八旗制度，但是并没有明朝皇室那么庞大的人口和奢侈的开销。清朝的税制不同于明朝，实行的是"摊丁入亩"制度，"滋生人丁，永不加赋"，相对而言农民的负担较轻。清朝在后期大量征收商业税和海关关税，由于商业税和关税增长迅速，因此财政收入方面相对比较宽裕，至少比天启、崇祯年间财政方面捉襟见肘的情况强很多了。即便如此，清王朝还是遭遇了咸丰元年爆发的太平天国运动，之后又有了短暂的"同治中兴"，有如回光返照，不过二三十年后清王朝就寿终正寝了。明清两朝的区别是巨大的，但是到了末期的情况可谓殊途同归。如果万历泉下有知，知道我们在讨论此事，会不会嘟囔说："为什么没有人盖棺定论说清之亡实亡于道光呢？"

打比方说，明清两朝好像是两家区别很大的巨型企业集团，但是到了一定年限之后，都走到了破产清算的这一步。这就不能简单归咎于某一人（但是关键责任人也难辞其咎），而是我们需要深入讨论的课题。

天启皇帝

　　泰昌帝朱常洛在继承万历皇帝的皇位后仅仅一个月就发急病死去，朝野上下为之震惊。据说，这是因为泰昌帝在登基前多年处于担惊受怕非常压抑的状态下，登基之后就肆意享乐，沉溺在酒色中不加节制，又吃了大臣进献的药物，结果突然就驾崩了。万历皇帝生前最喜欢福王朱常洵，不太喜欢长子朱常洛，一直希望立福王为太子，遭到了大臣们的强烈反对，长期僵持不下，最终也没有改立成功。但是在这个过程中，朱常洛一直是度日如年，如坐针毡，这对他的儿子、未来的天启皇帝朱由校的成长和教育也是有很大影响的。而万历为了安抚和补偿福王，对福王赏赐无算，让福王在河南圈地无数，当地百姓们对福王恨得咬牙切齿。后来李自成俘虏福王之后，尽管后者不顾颜面磕头乞求活命，还是被李自成杀掉。虽然生长于帝王之家，万历的两个儿子也都是悲剧人物。

　　泰昌帝猝死之后，16岁的朱由校匆忙继位，年号天启，执政七年，直到他23岁患病死去。天启年间大明王朝已经是内外交困，灾难频频。在朝廷内，党争愈演愈烈，导火线是"三大案"。"三大案"分别为"红丸案""梃击案""移宫案"，三个案子发生在万历至天启初年。三个案子最后都是不了了之，但是党争却因此引发，并且持续不断，势同水火。在辽东，努尔哈赤的后金大军攻势如潮，所向披靡，逐步占领辽东并逼近关内。

天启皇帝这个人本性还是比较淳厚的，对各种问题也有自己的一些独到看法。天启二年（1622）下诏为张居正平反，录方孝孺遗嗣，优恤元勋，给予祭葬及谥号。在澳门问题上态度强硬，还与荷兰殖民者两次在澎湖交战，并且获胜。

但是由于种种原因，天启自幼受到的教育并不算系统全面，他本人很大部分的精力放在了木工活上面，而不是在治国安邦方面。据说他做出来的木工家具巧夺天工，有的家具流传到后世价值连城。天启皇帝信任和重用大太监魏忠贤，后者因此大权独揽，把持朝纲。天启五、六年间，魏忠贤屡兴大狱，杀东林党人杨涟、左光斗、魏大中等，并毁天下东林书院。各地纷纷为魏忠贤建造"生祠"，尊之为"九千岁"，一片乌烟瘴气，这就为后来魏忠贤被清算埋下了种子。

天启时期历时七年，并不算长，算是万历时期与崇祯年间的过渡时期，也是大明王朝的危机进一步加剧的时期。这一段时间里，明廷内部党争不断，朝政更加腐败。但是朝野上下对于来自内部和外部的各种威胁缺乏清醒的认识，还沉浸于万历年间的繁荣和万历三大征的辉煌里，没有意识到大厦将倾。对于内部的弊政不但没有革除，而且苛捐杂税因为辽东的战争而更加繁重，各种社会矛盾激化，民变不断。

后世文人把这一段时期的问题归咎于魏忠贤及其阉党，认为东林党被打压造成了政治腐败和堕落。但是从今天的角度来看，东林党除了反对阉党之外，也拿不出什么解决国家军政困难的实际办法。当时魏忠贤还懂得开辟税源，征收商业税，分担一些军费开销，不要把农民逼得走投无路；而东林党连这个认识都没有，凡是阉党要做的一概反对，仅仅以清流自居，但是对于如何来解决眼前的实际问题并无办法，对大明王朝面临的累卵之危并无清醒认识。魏忠贤早年不过是市井小人，如果没有什么见识倒也罢了，东林党里多有名士大儒，如此表现就值得深思了。明朝的大臣有个传统，往往因为一些礼法之类的事情集体跟皇帝形成对立，有人因此被惩罚甚至被杀，反而成了英雄，看起来骨头很硬。有明一朝，跟其他朝代确实不太一样，基本不和亲，从来不赔款，天子守国门，君王死社稷，可能跟这种风气也有关，可以说是有利有弊吧。

崇祯皇帝即位之后，迅速铲除了魏忠贤阉党，东林党人士得已重新启用，然而局势很快就急转直下，大局逐步糜烂乃至终不可为。今天来看历史，简单地给那些历史人物贴上"正""邪"的标签，都是不可取的。

回顾当时的历史可以看到，万历三大征的一时辉煌之后，国力消耗巨大，民间苦不堪言，潜藏着巨大的风险。如果当时明廷上下能够有清醒的认识，抓紧时间整顿吏治，革除弊政，还有一定的机会来挽救危局，但是事实正相反。万历末年，努尔哈赤在辽东起兵反明，大明王朝的形势更加危急，但是天启年间明廷内部仍旧忙于内斗党争，仍然无所作为，坐视大局崩坏，浪费了宝贵的七年时间。等到崇祯皇帝即位，年轻的皇帝迫于危重的局面而急于求治，有些做法有操之过急之嫌，导致情况进一步恶化。

清太祖努尔哈赤

明嘉靖三十八年（1559）努尔哈赤出生在建州左卫苏克素护部赫图阿拉城（辽宁省新宾县）的一个小部落酋长的家庭里。

明万历十一年，努尔哈赤以祖父遗甲十三副起兵，时年25岁。他创建了军政合一的八旗制度，率领八旗子弟转战于白山黑水之间，临大敌不惧，受重创不馁，以勇悍立威，受部众拥戴。虽然他初起时兵少将寡，势力弱小，但经过多次征战，逐步制定了一些正确的政策，因而很快成为女真各部中最强大的力量。

努尔哈赤是高度汉化的女真人，好读《三国演义》，颇有谋略，在政治上也很有头脑。在形成一定的势力范围之后，他对内树立法规，整顿秩序，推动贸易互市，建立了一支"出则备战，入则务农"的八旗军队；对外，他推行远交近攻的策略，一方面与蒙古各部和朝鲜交好，对明廷表现出高度恭顺的态度，取得了明朝官员的信任，另一方面对邻近的女真各部恩威并行，软硬兼施，顺者以德服，逆者以兵临，加速推动女真各部的统一进程。努尔哈赤用30多年时间东征西讨，南征北战，基本上统一了女真各部，羽翼丰满，拥有了一支强大的军事力量。

万历四十四年（公元1616年），努尔哈赤在赫图阿拉建元称汗，国号大金（史称后金）。之后努尔哈赤又花了两年多时间，继续积蓄力量，准备对明朝发动攻势。万历四十六年，努尔哈赤以"七大恨"祭天，誓师征明，短短几年间他率领八旗子弟所向披靡，先后取得抚顺、萨尔浒、开铁、沈辽和广宁之役的胜利并迁都沈阳。

努尔哈赤可谓是一代人杰，早年起兵时以威猛见长，临阵神勇，横扫周边部落；及长则谋略过人，料敌如神，在野战中未尝败绩。不仅如此，他在用人和理政方面都很有建树，为后人留下了一个强大的后金政权、一支战无不胜的八旗军队和一大批优秀的将领。令人称奇的是，他的儿子们几乎个个勇悍善战，大多成为了八旗军队的重要将领，大大加强了八旗军队的凝聚力。皇太极和多尔衮是他的众多儿子里才干最为突出的两个人，他们不但把努尔哈赤的事业传承了下去，而且更上一层楼。

努尔哈赤创建的后金，在他死后十年，便改国号为"清"，努尔哈赤实际上是清朝的奠基人。

清太宗皇太极

皇太极，清朝第二代君主，出生于明万历二十年（公元1592年），为努尔哈赤第八子，在位17年。明天启六年（公元1626年），在沈阳继后金汗位，次年改元天聪。

皇太极继位之初，后金面临的内外局势十分严峻。在外部，由于多次发生冲突，受到明朝、蒙古、朝鲜的包围，处境相当孤立。在内部，皇太极虽继承了汗位，但实际上是同代善、阿敏、莽古尔泰三大贝勒"按月分值"政务，四个人的实际权力很接近。由于权力分散，事事掣肘，皇太极徒有"一汗虚名"，而且内部矛盾冲突日益严重。

为了彻底改变这种被动局面，皇太极对内采取各个击破的手段，打击、削弱分权势力，提高汗权。天聪六年，皇太极终于废除了与三大贝勒俱南面坐、共理政务的旧制，改成自己南面独坐，取得了汗的独尊地位。同时，皇太极仿照明制，逐步建立国家统治机构，以取代八旗制度所行使的国家权力。天聪三年，建立了由满汉文人组成的"文馆"，职掌"翻译汉字书籍"，"记注本朝政事"，为皇太极推行汉化运筹帷幄。五年，设立吏、户、礼、兵、刑、工六部，分掌国家行政事务。十年，又将"文馆"扩充为内国史院、内秘书院、内弘文院。

稍后，又建立了都察院，改蒙古衙门为理藩院。皇太极通过这套政权机构，把权力集中到自己的手中。在经济上，改变努尔哈赤晚年实行的奴隶制政策，使大量汉族奴隶取得了"民户"地位，成为后金政权下的个体农民。天聪五年，皇太极颁布《离主条例》，限制了满洲贵族的某些特权，有利于奴仆争取改变自己的身份和地位。这些措施缓解了阶级矛盾，促进了生产，农业有了较大发展，粮食基本上能够自给。

对外，皇太极同样采取各个击破的策略。他认为要战胜明朝，首先要征服蒙古和朝鲜，既可以解除后顾之忧，又可以利用他们的力量，共同对付明朝。因此，皇太极多次率军进攻朝鲜，迫使其国王称臣纳贡，并与明朝断绝往来。对蒙古，皇太极采取"慑之以兵，怀之以德"的政策，拉拢争取了科尔沁等部落，武力征服了察哈尔部落，最终成功统治了漠南蒙古。

在成功实施上述策略之后，皇太极彻底扭转了内外局势，从此开始集中力量进攻明朝。崇德元年（公元1636年），皇太极在沈阳称帝，改国号为"大清"［其国号满语为"岱钦"，意为"战士"，这是本义。"大清"为其汉语音译，当然也含有以水（清）克火（明）之意］。同年，皇太极命阿济格统兵南侵。崇德三年，又命多尔衮、岳托率军南侵。崇德五年三月，松锦会战爆发，皇太极亲临前线指挥作战，与明军精锐主力进行决战并获得了决定性胜利。在北方边关的明军精锐主力全军覆没，明蓟辽总督洪承畴被俘，祖大寿在锦州投降。明军宁锦防线全面崩溃，明朝在关外仅剩宁远一座孤城。至此，明朝在与清政权的对抗中彻底处于下风，人地两失，极为被动，清军入主关内已经是时间问题了。

皇太极富有谋略，很有政治才能。他深知要想入主中原，必须取得汉族官宦士族的支持，因此他十分重视发挥汉族地主知识分子和明朝降官降将的作用，对他们采取招降收买政策。随着蒙古的臣服，明将的降顺，皇太极逐步建立了蒙古八旗和汉军八旗，在兵种上由单一的骑兵改为步兵、骑兵、炮兵协同作战，大大增强了军事力量。

皇太极的军事和政治才能都是非常突出的，是一代杰出的政治家和军事家，军事上极具战略眼光，并有非常出色的战役指挥才能。在其父努尔哈赤开创的事业基础上，皇太极克服重重困难，战胜众多对手，青出于蓝而胜于蓝，奠定和巩固了清政权的政治基础。较之努尔哈赤，皇太极的军事才能不遑多让，而政治才能似有过之。即便在中华民族数千年历史长河里，努尔哈赤和皇太极也是个人能力排在前列的开国君主。

崇祯皇帝与皇太极的在位时间大致重叠，换句话说，皇太极一直是崇祯的主要对手。碰到皇太极这样的对手，只能说是崇祯的不幸。不仅如此，皇太极自幼跟随父亲南征北战，34岁时即位时，已经有20多年的军政经验积累了，而且当时后金属于新兴政权，还处于蓬勃向上的势头上。而崇祯皇帝17岁即位前，还没有得到军政方面的系统训练和基层的实际锻炼，一开始就面对朝廷内外纷繁诡谲的政治和军事形势，这更是一种生不逢时的不幸。

多尔衮

清太祖努尔哈赤第十四子。明万历四十年（公元1612年）生于赫图阿拉（今辽宁新宾老城）。多尔衮九岁时，即与弟多铎同掌一旗。此后的多年时间里，跟随皇太极南征北战，立下汗马功劳，也具备了过人的才干能力。多尔衮16岁时，跟从皇太极征蒙古察哈尔部，大胜之后被封为固山贝勒。后来多尔衮又跟随皇太极入边围攻北京。之后开始独立领兵作战，多次进攻蒙古各部和朝鲜。多尔衮24岁时晋封为和硕睿亲王，此时已经是久经沙场的大将了。

皇太极突然去世后，多尔衮参与了帝位争夺，但是没有成功，于是立年幼福临为君（也就是顺治帝），与济尔哈朗联合辅政，称摄政王，实际掌握军政大权。

顺治元年（公元1644年）四月，以奉命大将军率阿济格、多铎等统满、蒙、汉军十余万攻明。在山海关诱降前往乞师的明总兵吴三桂，与其合兵，大败李自成大顺军。五月占领北京，确定迁都于此，以武力占领全国。多尔衮制定了先攻农民军，后灭南明政权，联合汉族官僚地主势力，以汉治汉的方略。据此战略，清军集中主力相继消灭了李自成部主力、南明政权和张献忠部主力，平定全国大部。顺治四年，修成《大清律》，命颁行全国。

多尔衮谋勇兼备，善于把握战争全局，能够集中兵力各个击破众多对手。统兵驭将，赏罚分明。多尔衮的政治才能尤其值得称道，能重用汉族谋臣和武将，善于调动各方力量并运用驱狼吞虎的策略。因此，多尔衮能够及时把握时机，一举挥军入关，确立了清王朝在全国的统治，这也是他的最大功绩。

洪承畴

洪承畴，字亨九，福建南安人。他虽然出身于书香门第，但家道中落，家境贫寒，几乎辍学。洪承畴自幼天资聪明，勤奋好学，有大志。明万历四十四年洪承畴中进士，累迁陕西布政使参政。

崇祯初年，陕西农民不堪重负，纷纷造反，大批散兵游勇也参加了农民起义军，起义军声势更加浩大。在镇压农民起义军的过程中，作为一名文官洪承畴竟然表现出了突出的军事才能，屡次击败农民军，得到了崇祯皇帝的赏识，被迅速提拔。官方史书记载，"以承畴能军，迁延绥巡抚、陕西三边总督，屡击斩贼渠，加太子太保、兵部尚书，兼督河南、山、陕、川、湖军务"。

洪承畴曾大败农民起义军中最强的闯王高迎祥部，并俘斩了高迎祥。李自成继号闯王，统领余众，洪承畴又多次击败李自成部。潼关一战，洪承畴设伏邀击李自成，李自成部全军覆没，仅以十八骑走商洛山中。

之后关外清军屡次威胁边防，甚至深入到京城周边。明廷调洪承畴部拱卫京师，随后又命洪承畴总督蓟、辽军务，统率曹变蛟、王廷臣、吴三桂等八总兵共13万兵马出关，欲解锦州之围。清太宗皇太极亲率八旗主力增援锦州清军，与洪承畴所部在锦州附近的松山一带展开决战。

洪承畴虽为名将，且所部均为明军精锐，但是明军将领各怀心思，洪承畴指挥起来并不是很得力。而皇太极以皇帝之尊亲临战阵，运筹帷幄，指挥若定，八旗铁骑各效死力，因此大败明军，洪承畴被俘。

皇太极对洪承畴极为重视，欲收之为己用，费尽心机最终劝降了洪承畴。事实证明皇太极极有眼光，收服洪承畴这一举动为后来清王朝入主中原奠定了重要的基础。

崇祯十七年（顺治元年），李自成攻占北京，崇祯死国。清摄政王多尔衮采纳洪承畴的建议，挥军入关，并在山海关大战中击败李自成部主力。清王朝进京后，仿照明朝建立了政府机构和相关各项制度。在此期间，洪承畴作为多尔衮的谋主，发挥了重要作用，而多尔衮对洪承畴也极为重视，言听计从，策无不纳。

顺治二年，清廷命洪承畴平定江南各省，铸"招抚南方总督军务大学士"印，赐敕便宜行事。洪承畴先后两次率部出征，逐次平定了江南各省、两湖、两广、云南、贵州等地，为清王朝统一全国立下大功。历史上，少数民族武装曾多次驰骋北方甚至占据中原，但是他们跨过长江征服江南的情况就很少见了，显然难度非常大。即使是元朝，也是经过几代人的努力和多年的征战才逐步征服江南。像清王朝这样，入关时才十几万兵马，而后又迅速统一全国的例子是绝无仅有的，洪氏与有力焉。从我们今天的角度来看，毕竟这是中华民族内部的一场战争，迅速结束战争对百姓来说也算一种福音，那种"城头变换大王旗"的日子里，黎民大众的生活实在是太悲惨了。

洪承畴智虑深远，有文武干才，然而生不逢时，最后竟然不得不为从前的敌人效劳。时人对其多有讥评，认为他是逆臣贼子，即使他的母亲和弟弟也是如此。即使他为清王朝立下殊勋，也并不能得到清廷的真正信任。生前如此，身后更甚，清廷后来修史的时候干脆把洪承畴列入《贰臣传》，将他归为叛臣一类，继续鞭挞其灵魂。

评价这样的一生，确实是一言难尽。

闯王李自成

自天启末期、崇祯初年大批贫民揭竿而起以后，短短数年间，出了近百位在全国有影响的农民起义军领袖，而这其中最著名的有曹操（罗汝才）、八大王（张献忠）、老回回（马守应）、闯王（高迎祥）、闯将（李自成）、闯塌天（刘国能）等人。其中以闯王高迎祥势力最大，"曹操"罗汝才、"八大王"张献忠次之。李自成一直追随高迎祥，在不断的大小战役里逐渐成长起来。高迎祥战死后，李自成统领其余部，也称"闯王"。李自成为人随和宽容，讲义气，史书记载其"不好酒色，脱粟粗粝，与其下共甘苦"。

崇祯十一年和崇祯十三年，李自成两次遭遇军事上的严重挫折，几乎都是全军覆没。只是因为明军主力转去应付清军入侵的一时之急，李自成部才侥幸生存下来。之后李自成转入河南，当时正逢河南大旱，民不聊生，而官府摊派不已，李自成采纳建议，提出了"迎闯王，不纳粮"等顺应民心的口号，灾民大批投奔李自成。李自成进而广募人马，划分部伍，严明军纪，实力急剧增长。崇祯十四至十六年的一年半时间内，李自成部三攻开封，并在流动作战中，连获孟家庄、襄城、朱仙镇、冢头、汝宁五次战役的胜利，执杀明兵部尚书陕西总督傅宗龙、汪乔年及陕督杨文岳等，大败陕督孙传庭。明军主力被消灭。经过这一阶段的作战，明军与李自成军的力量对比发生了质的变化。李自成不仅在河洛地区已能站稳脚跟，而且基本上掌握了战争的主动权。之后李自成采纳谋士顾君恩的建议，先取关中，旋即兵分两路进攻北京。

在顺利攻下北京之后，李自成及其核心将领们骄傲自大，在政治策略上犯下一系列错误，导致山海关守将吴三桂降而复叛。李自成亲率主力征讨吴三桂，但在山海关战役中被清军和吴三桂部彻底击败。清军入关后把李自成作为头号对手，在清军主力的追杀下李自成部屡战屡败，李自成在湖北九宫山被地方团练武装所杀（一说李自成化名奉天玉大和尚出家）。

李自成是历代农民起义领袖中的一个英雄人物，其失败令人惋惜。与历史上同样农民出身的开国皇帝刘邦、朱元璋相比，李自成在战役指挥方面也许并不落下风，但在战略眼光、政治策略和用人方面相差甚远。

时 势 与 英 雄

　　古语云"五百年必有王者兴"，朱元璋能够以一介布衣起兵统一中原，而且向北进军，收复了原燕云十六州地区，基本上恢复了汉、唐时期的统治区域，这是非常突出的历史功绩。燕云十六州地区自古就是中原抵御北方游牧民族入侵的险要屏障，自从石敬瑭将其献给契丹后，在长达400多年的时间里无法被中原政权收复，这就使得当时中原地区直接暴露在北方少数民族骑兵的威胁之下。有宋一代始终无法解决这个问题，这是两宋时期一直兵革不断的重要原因。

　　不仅如此，朱元璋还派兵攻克地处塞外的元上都，又遣徐达、蓝玉等大将分别率军远出漠北，深入北元腹地，屡次大捷，对北元政权进行了沉重打击。应当指出的是，这个时期距离元朝极盛阶段不过百年左右，元朝还保留了相当的实力，即便退到塞外的时候也并不是任人宰割的惊弓之鸟，在个别战役中也曾经重创明军十万之师。而明军脱胎于淮河流域的农民起义军，以步兵为主，起家时将领多为南方人，这样一支军队能够从淮河流域一直北伐到长城一线，进而打到塞外，打垮了北方骑兵主力，历史上是极为罕见的。对比西汉开国时，刘邦被匈奴围于白登，后来再也不敢对匈奴用兵，直到经历了文景之治数十年的休养生息之后，汉武帝时期举全国之力进行精心准备，才能以卫青、霍去病的十万骑兵对匈奴发起攻击并取得重大胜利。但是即便如此，在武帝晚期又经历了赵破奴所部和李广利所部全军覆没这样的重大失败，说明武帝时期汉朝对匈奴的打击未能达到预期效果。中国历史上，南军北伐的次数不少，但是能够打到幽燕一带的情况就寥寥无几，像明军这样一直打到漠北还能取得全胜的情况可谓绝无仅有，这真正是创造了历史。

当然，蒙古民族是一个非常顽强而且有战斗力的民族，虽然在明军的打击之下四分五裂，很快又有所恢复，后来甚至占据了水草丰美的河套地区，还是对明王朝构成了长期持续的威胁。在这种情况下，明成祖朱棣决定迁都北京，亲自镇守北疆，这就是"天子守国门"的由来。

祖上的荣光逐渐褪去，崇祯皇帝即位的时候，大明王朝已经是危如累卵了。如果是在承平时期，崇祯很可能是一代明君，但是当时他面临的是一个内外交困的局面，在内是祖父和哥哥留下的烂摊子，在外是一群如狼似虎才智过人的对手。积弊太深，头痛医头、脚痛医脚已经无济于事，可是两线作战的环境已经不允许他从头再来去根除积弊了。尽管他自身奋发图强，但是大局糜烂，已经无力回天。大明王朝处在下滑崩塌的阶段，运气也显得很不好，总是有雪上加霜的事件发生。就在李自成进军北京前夕（实际上也是清军入关前夕），北京城内爆发了一场大规模的瘟疫，从平民百姓到军队士兵病死者不计其数，军队的战斗力急剧下降，人心不稳，坚固的北京城一日而破。这真是让人徒唤奈何。

　　与此同时，处在上升期的爱新觉罗家族却是好运连连。从努尔哈赤十三甲起兵到清军入关一统中原，不过是短短60多年，两代人的努力就登上了最高峰。这要归功于努尔哈赤、皇太极和多尔衮三位执政者在几乎所有重大决策上都没有发生致命失误，而且抓住了几乎每一个重要机会。即便如此，也不是没有惊险时刻。努尔哈赤去世后，皇太极的即位过程就暗流涌动；而皇太极的去世很突然，没有安排好继承人的问题，一时间险些酿成大祸。这是因为努尔哈赤的子孙们大部分是八旗军队的重要将领，皇太极的可能继承者个个都手握重兵，尤其是多尔衮和皇太极的长子豪格，各自得到两旗军队的支持，兵力不分上下。历史上，一个新兴王朝或者割据政权在创业初期，为了加强凝聚力，保证兵权不旁落，避免外人掌权并且分裂，往往任用家人亲戚掌握军队，这确实是行之有效的办法。努尔哈赤也采用了这样的策略。但是这种做法也是双刃剑，一旦到了世代交替的时候，一批手握兵权的潜在继承者互不相让，往往因此产生分裂，甚至刀兵相向，相当多的政权因此就衰落了。从西晋的"八王之乱"、唐朝的"玄武门之变"、明朝的"靖难之变"，都是如此，这还是著名的例子，其他类似情况更是不计其数。

　　从历史上看，这种局面是最为凶险的，很少能够和平解决。如果爱新觉罗家族不能妥善解决这个问题，内部因此发生分裂甚至战争，必然会元气大伤，能否自保都是个问题，至于入主中原就是梦呓了。但是堪称奇迹的是，清廷内部通过一番紧张激烈的较量和斡旋，以年幼的福临登基，多尔衮与济尔哈朗担任摄政王，竟然和平解决了争端，清廷也因此渡过了一劫。

后来清王朝能够顺利地入关并且统一中原，也离不开一系列的好运。一是李自成刚刚崛起就急不可待地进攻北京，推翻了崇祯，吴三桂先投李自成，后又投降清朝，引清军入关。清军坐收渔翁之利，轻易得到北京，又打垮了李自成的主力，李自成因此一蹶不振。二是崇祯皇帝在李自成逼近北京的时候，既不及时南迁，也不派太子到南京以备不测，导致北京被李自成攻陷之后，明朝残余力量处于群龙无首的境地，其他各个诸侯王即便称帝也缺乏足够的合法性和认同度。这样的情况下，多尔衮就大打政治战，通过封王封侯来诱使一大批投靠过来的汉族将领为清王朝攻城略地，顺利夺取天下。如果没有前面的两个条件，清政权如此迅速地入主中原几乎是不可能的。

《孙子兵法》说，"求之于势，不责于人"。回顾明末清初这一段历史，我们清楚地看到历史规律的不可抗拒，即便崇祯付出了最大的努力也无法扭转这种历史趋势。大明王朝已经到了暮年，面对朝气蓬勃的清政权，表面上还是庞然大物，实际上已经是捉襟见肘、力不从心，稍有失误就酿成大祸，一遇天灾人祸就不可收拾。这种情况下，把明朝覆灭的责任归于崇祯是不客观的，这是苛求古人了。

自秦汉以降，各个王朝的存续时间没有超过300年的。两汉和两宋各自的寿命总和虽然超过了300年，但是两汉实际上是两个朝代（关联性并不算大，刘秀是白手起家的），两宋的时间总和仅仅是300年多一点，而南宋只占据半壁河山，一直对金王朝卑躬屈膝，近乎于称臣，严格说都不应奉为正朔。即便是强盛的唐朝，从开国到安史之乱，由盛转衰，不过是100多年。相比之下，明朝的表现算是相当好了，开国200年多年还能有个"万历中兴"。即便如此，崇祯登基的时候，大明王朝已经快260岁了，内忧外患，这不是一位17岁的少年能够挽救的。何况，当时大明朝野之间虽然已经意识到危机重重，但是仍然停留在自诩"天朝上国"的思想意识里，普遍没有深刻意识到局势的危殆程度，也没有真正认识到对手的强大，处于既不知己，也不知彼的状态中。这种情况下，彻底的翻盘是不可能的。古人云"时也，运也，天命也"，诚哉斯言。

即使如此，我们也不能否认，这一段历史里面有很多值得思考的问题，这也是我们在后文中要展开探讨的内容。从这个角度来说，我们不妨把大明王朝看成是一个巨型企业集团，从企业的角度来分析历史。

第三章

谋事在人

运筹帷幄，战略人才乃兴衰之源

双清别墅坐落在香山半山坡上，依山崖而建，环境幽雅。院内竹林苍翠、松柏挺拔，还有两道清泉常年水流不息，这也是别墅得名的由来。院内因泉水而形成了一个不小的水池，池旁有八角凉亭。凉亭之北就是别墅的主屋，屋门朝南开，正对着凉亭。过去别墅的主人休闲乘凉时，自然就会步出屋门，踱到八角凉亭里来欣赏全园风光。

祖孙三人走进双清别墅的庭院时，肖炎已经在里面等候了。

肖炎年过六旬，是个红脸膛的蒙古族汉子，肩膀宽厚，身板笔挺，虽然身着便装仍然是一副标准的军人派头。他是古金的老部下，深得古金欣赏。两人感情非常深厚，古金退休后两人也经常见面。见到古金三人过来，肖炎快步迎上去，很自然地向古金敬了个军礼，然后才跟他们握手寒暄起来。

古金笑着说："老规矩，咱们先参观，再唠嗑。"

双清别墅是他们参观过许多次的地方，但是每次来都要把整个别墅好好转一遍，然后再找个地方坐下来叙叙旧、聊聊天。肖炎过去打仗时受过伤，腿脚不好，不便多爬山，所以双清别墅是他们碰面的老地方。

双清别墅对于古金和肖炎他们来说有特殊意义。1949年3月25日，毛泽东主席率中央机关由河北平山县西柏坡来到北平，就住在双清别墅，直到9月份才迁居中南海。所以，双清别墅曾经是中共中央军委的指挥中心，渡江战役期间毛泽东就在此居住，著名的七律《人民解放军占领南京》即吟成于双清别墅的八角亭内。

双清别墅的屋宇高大宽敞，一排北房从东到西被分隔成三间，分别作为会客室、办公室和卧室。屋内的家具完全是当时的原物，并且完全按照原样陈设，毛主席会客室里的沙发，办公室里的写字台、台灯、电话，卧室里的床具都非常简朴，庄重肃穆。

一边走，古岳一边向肖炎简单说了说刚才祖孙三人的话题，并请肖炎从军事战略的角度谈谈对崇祯败亡的看法。肖炎有着典型的蒙古族人性格，非常直爽，哈哈笑着说："你让我在老首长面前讲战略，有点折杀我了。也罢，老首长知道我好谈这个，那我就耍一把大刀吧。"

古金一笑，说："都这把岁数了，开始学习谦虚了，这不是你的作风啊。前面正好是八角凉亭，我们一块去坐着聊。"

一行人来到院中的八角凉亭坐下，古金示意肖炎开讲，肖炎没有客套，侃侃而谈起来："在军事上，崇祯失败的主要原因就是两线作战，刚才老首长已经讲了。对于崇祯来说，他的一个重大战略决策失误是没有分清轻重缓急，没有处理好对两个敌人也就是农民起义军和清军的作战顺序。当时相比之下，清军的实力比农民起义军要强得多，对明王朝的威胁也更加直接，多次进攻到北京附近。但是农民起义军活动在中原腹地和川陕一带，在百姓中很有号召力，动摇了明王朝的统治基础。明王朝的兵力应付一面作战还算勉强，长期两线作战就没有胜算。在这种情况下，崇祯必须尽快结束一个战线的战争，以转移兵力应付另外一个战线。由于清军实力强劲，崇祯根本无法在一个中短时期内彻底击败对手，他唯一的选择应该是尽快彻底消灭农民军，彻底杜绝内患，以便腾出手来全力对付外来威胁。实际上，至少有两次机会，农民起义军接近全部覆没的时候，崇祯却把主力部队调去对付清军的进攻，导致功败垂成。而农民起义军一旦获得喘息机会并恢复元气，就很快推翻了明王朝。

"此外，崇祯后期，没有适时迁都南京也是他的失误之一。明朝开国之初采取'天子看边'的政策，用于稳定边疆。但是当时的皇帝朱棣还是很有眼光，仍然在南京留下了全套的中央机构作为备份，以备将来有变。因为国力强盛的时候定都北京可以有效稳定北部边疆，但是一旦国力衰落的时候定都北京就很容易受到直接威胁，容易影响整体战局。崇祯几次从剿灭农民军的战场上抽调主力部队去应付清军的入关进攻，也是这个原因。即使是李自成向北京进军的时候，如果崇祯能够迅速通过海路向南京逃跑，同时把包括吴三桂部在内的北方明军主力尽量南撤，明王朝仍然能够继续维持一段时间。因为那样一来，李自成部在得到北京和山海关后，势必与清军直接接触，二者必然有一场恶战，这样崇祯可以获得宝贵的喘息机会。但是崇祯也没有这样做，而是坐以待毙。"

古江问道："那您提出的这些策略，崇祯当时的大臣们都没有提到过吗？"

"当然有大臣提出过，当时崇祯的重臣杨嗣昌就提出了类似的先内后外的战略主张，但不是主流声音，也没有被崇祯采纳。"肖炎继续说，"这固然是崇祯自身决策的问题，但是崇祯的核心班子里确实缺乏能够统揽全局、审时度势、深谋远虑的参谋人才和临机应变、机敏果断的执行人才，这也是失败的根源。"

"那您怎么看李自成的失败呢？难道也是战略的失误吗？"古江多少有点不服气地问道，"李自成进北京后腐化堕落导致最终失败，不是早有定论吗？"

"李自成确实在进军北京的战略决策上存在重大失误，他的问题在于只盯着明王朝，却忘记了清政权和张献忠的大西军。"肖炎继续直率地说道，"而且，他只规划到拿下北京，却没有考虑清楚拿下北京后该怎么办。李自成在河南站稳脚跟后，定下的方案是先略定三秦，再进军北京，夺取天下。略定三秦是对的，但是进军北京就是错误的。因为当时主要有四股军事力量处于对峙当中，除了李自成自身和明王朝外，还有清政权和张献忠的大西军。进军北京，推翻了崇祯，明王朝在南方的势力仍在，不可能束手就范；而占领北京之后，必然会面对清军的威胁，这样就会处于清军和南明军的夹击之下，在战略上是非常不利的。另外，当时李自成与张献忠的关系并不好，李自成主力进军北京，他在陕西和河南的根据地实际上是处在张献忠的威胁之下的，一旦有变，张献忠很可能对他发起进攻。所以，在当时的情况下进攻北京，不但不能夺取全国政权，反而是坐在了火山口上。而且，当时李自成及其谋士们对占领北京后怎么展开下一步的行动没有明确的策略，过于乐观，在军事上和政治策略上都没有可行的方针，尤其对清军可能的进攻基本上没有准备，以为天下可传檄而定，这当然是完全错误的。因此，李自成夺取北京的失败，实际上在他制订这个战略时就已经注定了。"

说到这儿，肖炎拿起自带的军用水壶，喝了口水。

古江又问道："如果李自成拿下北京，不搞腐化堕落，善待吴三桂，是不是就能够与清军抗衡呢？不也就避免了失败吗？"

"很难啊。"肖炎继续说，"李自成进京后，清军已经集结了十多万满、蒙、汉八旗军，向关内开进，准备向李自成部发起攻击。如果吴三桂不投降清军，清军就会沿喜峰口的老路从山海关以北迂回入关。清军对进攻北京早有准备，按照当时李自成部队的兵力、作战能力和战斗意志来看，与清军相比差距很大，同样很难避免惨败的结局。而且李自成的主力都在北京，兵力分布上没有第二梯队和战略预备队，一旦失败即成孤军。所以，山海关战役后李自成迅速撤出北京，是有道理的。"

古江听明白了，就又进一步问道："那以您的观点看，李自成当初制订什么样的战略才是正确的？"

"以李自成当时的情况看，他应该先稳定自己的河南和陕西根据地。由于部队发展迅速，来投附的人员众多，统治区域内的大量地主团练武装还存在，他内部的凝聚力也不是很强，这些都需要时间去整顿消化。内部还不够稳固，就进一步去向外进攻，一旦失败就容易导致整体的崩溃。"肖炎说。

"是啊，这就跟企业经营的道理一样，如果内部管理根基不稳，收入上也没有稳定来源，一有机会就去加速扩张，也容易导致失败。"古岳插了一句。

"李自成稳定内部后，在决定下一步行动方案时，他应该权衡一下各个对手。当时明军在北方有两个主力集团，即孙传庭部和吴三桂部，孙传庭部在李自成夺取陕西的过程中已经全军覆没，吴三桂部在山海关与清军对峙，无法抽身。明军已经没有能够对李自成发起进攻的机动兵团，而且江南明军的实力也很薄弱。李自成的南方是张献忠的大西政权，占据四川，张李二人宿怨很深。这种情况下，李自成有三种选择，一是进攻北京，二是进攻江南，三是进攻四川。进攻北京不可取，第二种方案进攻江南夺取南京显然要更好一点，因为这样可以夺取富庶的江南经济基地，为下一步发展打下基础，可以支援长期战争。但是这样一来，李自成部又处在张献忠部和明军的夹击状态下，战略态势不利。而且，明王朝失去江南后，经济上必然无法继续支持战争，清军势必夺取北方，这样的话李自成会面对清军和张献忠的夹击。如果李自成的统治区域从甘陕一带一直延伸到江浙，会形成一条横贯中国的长蛇阵，这从战略态势来说是极为不利的。"

"那么如果李自成进攻四川呢？"古江饶有兴趣地问。

"张献忠虽然建立了大西政权，但是一直没有脱离流寇思想，流动一处吃一处，四处屠戮，缺乏百姓支持。实际上，张献忠部在四川很难长期立足。对于农民起义军流动作战的弱点，东汉的刘秀看得很明白，他歼灭绿林军时就准确利用了对手的这一弱点。

"如果李自成能够采取军事进攻与劝降双管齐下，夺取四川是有把握的。尤其双方都是农民起义军，都是陕西人，习性相同，李自成声誉远高于张献忠，容易劝降和分化张献忠的部下。

"在占领四川之后，李自成可以根据明清两军交战的具体战况，继续采取鹬蚌相争渔人得利的战略，或继续巩固根据地，或分兵占领湖广云贵再夺取江南，或直接夺取江南以尽快准备与清军的决战。明王朝已经是积重难返，未来对清军的战争才应该是李自成准备的重点。

"夺取四川及占领中国西部和西南部的好处是给李自成带来了战略纵深，即使前线作战不利，也不至于一败涂地，得不到一点喘息机会。尤其是四川、云贵一带，地形险峻，可以凭险固守。而李自成最后被清军消灭的原因恰恰就是他缺乏战略纵深，被清军穷追不舍，直至被消灭。

"所以总的来看，如果李自成选用第三种方案，在执行时把握好时机和轻重缓急，是有可能与清政权长期对峙的。当然，历史不能假设，而且如果又出现一个南北朝，也并不符合中华民族的长久利益。"

"那在这段历史里面，清政权的战略决策是不是都很正确呢？"古江问道。

"总体来说，清政权的战略决策在三方中确实是技高一筹。努尔哈赤本身就是个富有谋略的人，而他的两个儿子皇太极和多尔衮也不逊色。努尔哈赤奠定了清政权的基础，皇太极征服了蒙古和朝鲜，多次入关袭扰，并赢得了松锦决战，为入主中原做好了充分准备。清政权的核心人物一直在密切关注明王朝与农民起义军的战争，清军的多次入关客观上固然帮助了农民起义军死里逃生，主观上也有可能是有意为之。皇太极在有能力攻克北京城的时候有意选择了回避，认为条件尚不够成熟，'得之易，守之难'，应当'简兵练旅以待天命'。多尔衮在时机成熟的时候果断挥军入关，并且严明军纪，重用降将降官，拉拢人心减少抗拒，在政治策略上高人一筹。清政权的战略决策水平与李自成农民军相比起来，高下立见。

"皇太极和多尔衮都善于选用人才，即使是明朝的降官降将，他们也能因材而用，因而麾下勇将谋臣人才济济。熟悉农民军情况、过去屡次击败农民军的原明朝重臣洪承畴也在其中，李自成焉得不败！"

"这样说来，两军相争，实力固然重要，决策也很关键，正确的决策可以让军队由弱变强，形势由差变好，是这样吧？"古江问道。

肖炎点点头。

"不仅如此，人才的储备也非常重要吧。参与决策的核心人物的水平高低，对战争结果的影响也是巨大的。"古岳也说道。

"确实如此！"肖炎继续说道，"李自成的失败原因之一就是谋士水平较低。过去他流动作战，打得赢就打，打不赢就走，有没有好的谋士关系不大，后来建立政权后这个问题就很突出了。他的主要谋士如牛金星、宋献策、顾君恩等，在事关全局的战略问题上并没有给李自成出过什么高招。举例来说，清军入关后，李自成退出北京，退守陕西。当时南明政权愚蠢地把李自成当成主要敌人，而清军则因为轻松击败了李自成，对他有些轻视，从而准备南下消灭南明政权。在这个特定的历史情况下，如果李自成及其谋士能够审时度势，吸取教训，就应该适当收缩兵力，与清军脱离接触，佯为示弱。这样一来清军很可能南下攻击南明，李自成就可以争取时间重整旗鼓。当时清军主力只有十几万人马，不会采取两面同时作战的办法，这个方案是可行的。但是李自成不但没有这样做，反而派兵去反攻清军，结果引火烧身，导致清军调整部署，清军主力部队把刀锋从南明政权转向李自成部。在这个过程中，没有见到李自成的谋士们有什么奇谋良策，恐怕直到失败，他们也没有能够彻底总结吸取这些沉痛教训。

"至于崇祯，也许这个问题更为严重。偌大的明王朝，竟然找不出几个能谋之士，满朝文武竟然如同摆设。堪当大任的人才如此之少，失败也是必然了。"

"这个问题上，是不是崇祯自己也有不可推卸的责任？"古江插话道，"他对下过于苛刻多疑，杀戮太重，冤杀了袁崇焕，自毁长城，这是崇祯自己的问题吧。"

肖炎哑然一笑，说："崇祯驾驭下属确实存在一些这样的特点，但是在明朝末年，尤其经历了万历、天启年间，朝廷纲纪松弛，文恬武嬉，他这样做也有他的理由和作用，不能一概否定。

"应该说崇祯用人也还都是一时之选，并不是庸才居多。崇祯确实有他自己的问题，但是他的下属们也都存在严重问题，不能把责任都归结到崇祯头上。

"那个年代朝廷是以八股取士，官员们都是靠读书考进士才混出来的。这些人写八股文、空谈圣贤的大道理是行家，真正治理国家就不行了，至于带兵打仗就更谈不上了。而且，官员们内部斗争激烈，要出人头地还要靠政治斗争，不能站错队，这样选拔出来的干部怎么能不耽误事情呢？

"实际上由于重文轻武的风气，掌握各地明军指挥权的督抚大员基本上都是进士出身，名声显赫的有熊廷弼、袁崇焕、杨嗣昌、洪承畴等。这些人其实是文职人员，这跟那些从下级军官成长起来的将领相比还是很不同的，与那些自幼在战阵中成长的八旗将领相比差距还是很大的。

"而且，即使这些人是同辈中的佼佼者，也不可避免地沾染了很多官场习气和党争流弊。例如杨嗣昌追剿张献忠，在行军途中与文人边饮酒边吟诗作赋，附庸风雅，结果贻误军机，酿成大祸，最后也害死了自己。说来杨嗣昌还是明朝重臣中一个有见地的人，这样死了委实可惜。

"袁崇焕也喜欢来这一套，努尔哈赤攻宁远城，他也是现场饮酒作赋，那一仗总算还守住了城，袁崇焕还立了大功。战争是生死相搏的事情，作战指挥应当讲究实际，那套文人的花架子实在要不得。

"但是袁崇焕因为党争缘故擅自杀死了大将毛文龙，确实是一个重大错误。毛文龙所部一直在侧后袭扰后金，也算屡立功勋，明王朝对他也比较倚重。袁崇焕自许清流，视毛文龙为奸党分子，因此与毛文龙不和，甚至找机会擅自杀死了毛文龙，毛文龙手下的精锐部队因此叛变投奔了后金。大敌当前，毛文龙虽有过错也是小节，何至于死。袁崇焕作为镇守一方战略重地的主帅，本应从大局出发，容忍和团结毛文龙，共同对外。他未经朝廷同意擅杀大将而且激起兵变，这本身就是杀头的罪名。明王朝考虑到实际情况，暂时容忍了袁崇焕，但是这也埋下了对袁不信任的祸根。

"在重要战争中，将帅的修养一直是人们所重视的话题。胸怀大局，居功不自傲，将功劳归于上级和下属，胜则举杯同庆，败则拼死相救，这些都是为将帅者应有的美德。崇祯的这些重臣们的所作所为确实存在着严重缺陷，也许这就是崇祯的命运使然。

"至于袁崇焕被冤杀，也有当时的具体情况。之前崇祯曾经问过袁崇焕几年可以平辽，袁崇焕回答说五年即可，崇祯大喜，倾全国之财力物力投于辽东战事。结果没过多久，不但辽东未平，清军反而从山海关以北绕道进关，直逼京城。袁崇焕率部回援，但是未能阻止清军进抵北京。之后，袁部也回到北京并与清军进行了数次战斗，双方相持不下。

"但是对于崇祯和明朝廷大臣们来说，出现这种局面不仅大大出乎意料，而且是无法容忍的。袁崇焕所部此次的作为，尤其是在京城之下的战斗表现，让崇祯看出所谓五年平辽纯粹是大话空话，根本不切实际，袁部能够保住宁、锦、山海关各城就已经不错了。这与崇祯和满朝大臣们的期望值相差太远了，而且袁崇焕之前所表现出来的狂傲自负已经大大得罪了朝臣们，也得罪了崇祯，只是以前倚之为干城，暂且容忍而已。在这种情况下，崇祯和满朝文武被战局不利大大激怒了，再加上种种对袁崇焕不利的传言，朝廷自然要严惩袁崇焕。在这个过程中，皇太极也通过释放被俘的明朝太监实施了反间计，不过其作用恐怕不能高估。因为崇祯并不傻，不会因为几个太监听到的传言而杀掉大将，袁崇焕被杀的根子还是前面讲的原因。而且，袁崇焕是被捕后第二年才被杀的，一般说来这不会是崇祯一时冲动的决定。

"但是公平来讲，杀死袁崇焕，而且是酷刑剐杀，这属于处分过度了。袁崇焕毕竟立过大功，而且也长期力保边关不失，这是要肯定的。在清军入关袭扰过程中，袁崇焕虽然存在指挥失误，但毕竟还是鞍马劳顿，没有功劳也有苦劳。功过相抵，罪远不及死，更不应该酷刑杀害。说到底，明王朝上下还不能接受战略主动权早已经在对手那里的现实，主观愿望与客观现实差距太大，因而迁怒于袁崇焕。

"袁崇焕被杀确实对明军产生了不利影响，尤其是官兵心理方面震撼很大，因为他们无法理解这个事情。后世很多人认为袁崇焕的死使得皇太极少了一个旗鼓相当的对手，并进而导致边关沦陷和明朝的最终覆灭，这也是不太符合实际情况的。

"袁崇焕对明军的重要贡献在于改变了过去的守城方法，不再在城外与对手进行野战，而是在城墙上利用红衣大炮等火器有效地遏制了八旗军队的进攻。此外他还注意在城内肃清对方的奸细，避免对手里应外合。如果之前沈阳、辽阳各地守军这样来做，恐怕辽东不会那么轻易丢给努尔哈赤。但是，袁崇焕仍然无法解决野战中应付八旗骑兵冲击的问题，这样明军在野战中仍然处于下风，甚至连八旗骑兵长距离脱离后方根据地对明朝进行袭扰时，明军包括袁崇焕所属部队仍然对此无可奈何。在这种情况下，明军只能对孤立的重要据点进行有效防御，但是却无力进攻对方，甚至无法有效保护自己的广大农村和中小城镇。从战略角度来说，这是极为危险的。

"这种情况下，袁崇焕在与不在，所起的作用都是有限的，把他看作是皇太极的克星或者是旗鼓相当的对手恐怕并不妥当。

　　"实际上，明军缺乏的是一个类似戚继光式的人物，能够对部队战术进行一些改革和创新，从而适应战场上的具体情况。戚继光在平定倭寇和防御蒙古袭扰过程中，都有过一些部队战术上的革新，取得了不错的效果。袁崇焕所做的战术改进主要是纠正了以往守军的一些轻敌出战的荒谬做法，还谈不上是重大革新。

　　"在我国古代，南北朝时期刘裕北伐时曾经设计了一套步兵对付骑兵的办法，很有效果，南宋时期岳飞等将领也有一些步兵对付骑兵的有效战术。大致在明朝万历年间，日本的织田信长创造了一套步兵对付骑兵的战法，部队大量配备使用当时的火枪，在战斗中有组织地进行齐射，并在阵地前沿密布木栅和拒马以阻碍对方骑兵的冲击。这一套战术在织田信长、德川家康联军对阵武田胜赖的关键性战役中大放异彩，武田胜赖的精锐骑兵几乎全军覆没。当然，上述步兵对付骑兵的战术必须配合相应的地形，并且要求有非常得当的指挥。

　　"当时明军在援朝战争中大量接触到日军的火枪，也缴获了不少火枪，而且明军自身大量使用火炮、鸟铳，其火力并不比日军弱。为什么明军在对八旗军的作战中始终没有产生一套适合野战的战法，这在今天看来也许是不可理解的。但是，明军的高级将领往往出身文职，没有经历过下级军官的职位，缺乏战场指挥经验，更不屑于钻研部队战术；中下级军官大多出身于士兵，文化底子差，往往有勇无谋，这样选拔出来的将领的战术素养和指挥能力可想而知。明末官场风气糜烂，军队也是如此，对选拔人才也是非常不利的。"

说到这儿，肖炎略一停顿。

"听明白了，看来战略与人才的结合是取胜的关键。高！实在是高！"古岳笑眯眯地吹捧道，然后话锋一转，"但是战略和人才的关系又是什么呢？是先有合适的战略再去找合适的人才，还是反过来？'搭班子，定战略，带队伍'，这里面是不是还有个前后顺序？"

肖炎沉吟了一下，慢慢开口道："企业经营的事情我确实不懂，但是对于军事战略来说，战略和人才是密不可分的，不是简单的先后问题。任何一个正确的战略，都必须有合适的人去执行才能成功。就这个意义来说，人在先，战略在后。没有人才，就不会制订出正确的战略；没有合适的人才去执行和实现，再好的战略也不会成功。

"举个例子来说，楚汉相争，原本项羽是强者，刘邦是弱者，但为什么最终刘邦战胜了项羽呢？就在于刘邦的队伍里人才济济，他本人又能够从谏如流，能够采用正确的战略，正是人才和战略的结合让刘邦以弱胜强，战胜了项羽。

"历史上真实的项羽与我们民间戏剧中的楚霸王完全是两回事，项羽本人有勇有谋，是那个时代最出色的战场指挥官之一。无论是灭秦时的巨鹿之战，还是楚汉相争时的彭城大战，项羽都是以寡击众，出敌意外，取得了辉煌胜利。刘邦与项羽对阵作战，屡战屡败。

"但是项羽本人虽强，他手下的得力大将却不多，而且大多心怀不满，这样项羽就变成了救火队长，哪里没有了他，哪里的战线就容易出问题。

"刘邦就是看准了项羽的这个弱点，采纳谋士张良的建议，派出独挡一面的大将韩信渡过黄河，从北方侧翼迂回打击项羽的势力，拉拢项羽旧将英布反叛项羽，并派彭越率领游军袭扰项羽后方。刘邦派萧何坐镇后方，保证物资和兵员补充，他本人则率部坚守荥阳、成皋一线，深沟高垒，与项羽对峙。这样一来，项羽本人虽然战无不胜，但是顾此失彼，捉襟见肘。汉军却越打越多，越战越强，逐渐包抄到项羽的后方，让项羽无力支撑下去，最终垓下一战项羽全军覆没。"

　　"有意思，有意思"，古岳笑道，"拿破仑当年的失败也是类似于此吧。拿破仑自己战无不胜，但是他手下缺乏独挡一面的将才。滑铁卢一仗中，拿破仑的失败就在于他手下的将军只能机械地执行他的命令，不能随机应变，导致法军主力的惨败。说到底，还是拿破仑手下缺乏人才。"

　　肖炎略顿一下说道："滑铁卢的失败，其实只是战役层面的失败，根子上是当时法国的国力已经严重削弱，无力支撑长期战争了。这个局面是拿破仑进攻俄国的战略错误所导致的，战略决策上的错误，在战役层面是很难弥补的。"

　　古江自认为敏锐地发现了一个问题，于是不客气地提问道："有个问题，希特勒也犯了跟拿破仑同样的错误，那就是进攻苏联。如果说拿破仑手下人才不多，二战时期德军还是人才济济，像古德里安、曼施泰因、隆美尔等，闪电战也是德军发明的，那为什么还是犯了同样的错误？咱们刚才说人才和战略的结合，拿破仑是军事家，希特勒也被公认是有军事鬼才的，既有人才，也精通战略，那么他们为什么还是躲不过宿命，撞到了同一面墙上？"

肖炎略带赞许地看了古江一眼，说道："历史的答案往往很难寻找。拿破仑也罢，希特勒也罢，都是在他们的顶峰时期高估了自己的力量，做出了错误的决策。也许他们对战略问题的理解还是没有达到某种高度吧，或者说他们还缺乏能够全面、客观、清醒地分析战略局势的人才。这与我们所说的人才与战略问题并不矛盾。

"努尔哈赤想征服中原，他是怎么做的呢？当年努尔哈赤对儿子皇太极说过，要砍伐大树，不可能将其一下子折断，必须先清除其周边根茎，逐步动摇其基础，则大树自然会倒掉。这就是努尔哈赤的过人策略，后来也成为皇太极打垮明朝的战略。八旗军队对明朝边疆的步步进逼、不断袭扰，使得明王朝付出了沉重代价，内部矛盾日益突出以至于一发不可收拾，最后内战就把明王朝的实力消耗殆尽，清王朝趁虚而入，终于入主中原。《孙子兵法》说，'先为不可胜，以待敌之可胜'，绝对是至理名言，努尔哈赤和皇太极的实践就是最好的注脚。"

古岳频频点头，有所感悟地说道："努尔哈赤对明王朝，拿破仑对沙皇俄国，情况确实有类似之处。前者都是小而强，但是人力物力资源不足；后者都是大而不强，但是资源丰富、长期作战能力强。应该说各有优势，关键在于选择适合自己的战略。

"以小搏大，小的一方就要利用自己的长处，形成局部的优势，让大的一方不断被消耗，直到大的一方自己垮掉，双方实力此消彼长之后，小的一方才能下手彻底击垮对手。否则，双方一上来就展开决战，小的一方难免要吃亏。

"选择正确的战略之后，还要有足够的耐心和执行力。这几个环节里，都离不开相应的人才。

"拿破仑要是学到了努尔哈赤的战略，也能够利用一切机会削弱对手，然后后发制人，那样的话恐怕历史就要改写了。

"我们国家的历史上有很多宝贵的知识、经验，值得我们去学习、研究、继承。"

肖炎微微点头，表示赞同。

古岳又道："读史使人明智，其实关键还在于不但要读懂，还能读透，更能活学活用。历史中有很多重复之处，读史者也可以举一反三，古为今用。"

肖炎呵呵一笑，并不作答。

"在这个问题上，就举个现代的例子给他们讲讲吧，"古金对肖炎说道，"别老弄古了。"

古金自信地一笑，对儿孙说："他能办到。"话锋一转，又对肖炎说："你比我年轻几岁，还是得注意身体啊。当年你打仗不要命，现在谈起打仗的事也有股不要命的劲头。当年的小肖成老肖了，得悠着点。"

肖炎点点头，又拿起了军用水壶。

"肖炎年轻的时候打仗没有打过瘾，老了还不停地念叨。"古金对儿孙们笑道。

"没仗打其实不是坏事，好战必亡，止戈为武，但是忘战必危啊。"肖炎说道。

古金抬头看看天，对肖炎说："时间不早了，来我家里吃个便饭吧。下午再下两盘棋，咱们在棋盘上打两仗。"

一行人这才意犹未尽地起身，准备下山。

亭边，一池泉水清可鉴人，微风拂来令人舒爽，这是香山最美的季节。

关宁锦防线

明天启初年，努尔哈赤率后金军攻占沈阳、辽阳，之后又连克广宁（今辽宁北镇）、义州（今辽宁义县）等40多座城堡，并进一步觊觎辽西和山海关。山海关是当时的咽喉要隘，联结关内与辽西，势在必守。明蓟辽经略高第认为，在努尔哈赤的凌厉攻势之下，明军在关外的各个据点难以防守，有必要收缩防线，全力扼守山海关。因此，他命令关外各城守军拆除防御设施，退入关内。而当时宁远守将袁崇焕则认为，若保关内，必守关外；若保关外，必守宁远。因此，袁崇焕申明利害，坚守不撤，并动员军民积极备战。

天启六年（公元1626年）正月初，努尔哈赤率军六万西渡辽河，直趋宁远。大敌当前，宁远和辽西军民人心惶惶，一夕数惊。袁崇焕则下定决心，率领万余名宁远守军坚守城池，迎战强敌。袁崇焕总结了以往明军在沈阳、辽阳等地与后金军队作战的失败教训，决定采取坚壁清野、深沟高垒的策略，不再出城野战，并组织军民共同守城。他下令在城内查缉奸细，同时通告邻近各地，凡见到从宁远逃跑的将士立即斩首，稳定了军心和民心。尤其重要的是，他在城上配置红衣大炮11门，后来发挥了重要作用。

正月二十三日，后金军包围宁远，努尔哈赤遣使劝降，遭到袁崇焕的拒绝。次日，后金军攻城，以盾牌和板车掩护，凿挖城墙，守城军民扔下火团，烧毁了攻城器具。守军使用红衣大炮猛轰后金军，后金士众死伤惨重。八旗大军虽然精于骑射，但是在深沟高垒之前，矢石炮火之下，没有用武之地，连攻数日，伤亡甚众，却一筹莫展。努尔哈赤转而派兵趁着海面结冰攻取宁远附近明军囤积粮草的觉华岛，守兵七千被杀，焚烧粮草千余堆和二千余只船。努尔哈赤就此率军撤退，宁远之战就此结束。

努尔哈赤从20多岁以十三甲起兵，叱咤纵横数十年，屡战屡胜，鲜有败绩，尤其是萨尔浒之战后，每战必胜，宁远之战可以说是头一次受挫，因而一度心情抑郁，颇以为耻。实际上，从作战的角度看，努尔哈赤这一次军事行动还是有所斩获的，尤其是攻占觉华岛。而且在冷兵器时代，攻城不下也很正常，谈不上是作战方面指挥的失误。虽然夺取辽西之地的目标没有实现，但是战略主动权还是牢牢掌握在努尔哈赤手中。

宁远之战挫败了努尔哈赤夺占辽西和山海关的企图，是明朝对后金作战过程中难得的一次胜利，史称宁远大捷。此战之后，袁崇焕得到朝廷的高度重视，从此开始步步高升，成为闻名遐迩的一方重臣。宁远之战证明了明军是可以凭借坚固城池抵挡八旗军队的进攻的，明军因此信心大增，从此开始在关外各据点固守，逐步构建起了一条东起锦州一带、途经宁远、西至山海关的纵深长达四百余里的关宁锦防线。可以说，宁远之战是关宁锦防线的真正开端。

关宁锦防线自诞生之日起，就与明王朝的命运紧紧联结在了一起，后来围绕着关宁锦防线发生的一系列重大战事决定了历史走向。关宁锦防线贯穿从锦州直到山海关的辽西走廊，而辽西走廊是连接辽东地区与内地的唯一的平坦通路。辽西走廊是沿着渤海湾北侧海岸线绵延四百余里的一条狭窄通道，除此之外向北要么是高山峻岭，要么是戈壁沙漠，大队人马不便通行。因此，在当时的情况下，辽西走廊成为兵家必争之地。

　　关宁锦防线的规划，在当时就有非常大的争议。先后在蓟辽一带（今天津、河北秦皇岛到辽宁锦州地区）担任经略督师重任的王象乾、王在晋、高第，均认为应全力扼守山海关，放弃关外各地。其中以王在晋的观点最为具体，他认为防守关外各地的军费开支巨大，经济负担非常严重，因此应该集中力量守御山海关；同时，山海关的城防也存在重大隐患，应在山海关外另筑一城以拱卫山海关。而另外一方面，以大学士孙承宗为首的一派则坚持认为应该收复和防守关外之地，防线应前出延伸到锦州、大凌河一带，为将来的反攻做准备。袁崇焕也是这一观点的支持者和实践者。很显然，天启和崇祯两任皇帝都支持后一种观点，可能是因为它符合皇帝和朝廷大臣们普遍存在的收复失地的强烈愿望。关宁锦防线由此诞生，并且坚持到了明朝灭亡之际。

　　努尔哈赤在宁远之战后，仅仅几个月之后就去世了，其子皇太极即位。天启七年（公元1627年），皇太极率领八旗军进攻锦州和宁远。袁崇焕此时已经升任辽东巡抚，统率关、宁、锦一带的明军。袁崇焕基本沿用了宁远之战的策略来迎击八旗军。皇太极先攻锦州不克，转兵攻击宁远，也没有取胜。八旗军面对深沟高垒和红衣大炮还是一筹莫展，于是不得不撤军。袁崇焕因此再奏捷报，史称宁锦大捷。

从明军的角度来说，宁远之战和宁锦之战都可以称为胜仗，但是本质上来说只是防御的胜利而已，既没有给对手以有力的杀伤，也没有夺回战争主动权。把这样的两次战役称之为大捷，恐怕主要还是为了鼓舞士气，实际上多少有些名不副实，这一点身在前线的袁崇焕应该是心知肚明的。之后袁崇焕积极主张与皇太极议和，甚至引起了天启皇帝的不悦。袁崇焕一度辞官，直到崇祯皇帝即位后才被重新启用，任兵部尚书兼右副都御史，统帅蓟辽方向的关内关外各部，又被赐予尚方宝剑。

崇祯二年（公元1629年），袁崇焕持尚方宝剑矫诏擅杀皮岛主将毛文龙。同年十月，皇太极率八旗军从蒙古察哈尔部所在区域绕过关宁锦防线，长途跋涉，从长城喜峰口等处入关，直逼京师。明廷措手不及，急召各地军队勤王，袁崇焕也奉诏率关宁军主力回援京师。皇太极充分发挥了八旗铁骑机动灵活的特点，多次击败明军，杀死了赵率教、满桂等明军名将，并横扫京畿周边地区。在这个过程中，八旗军大肆烧杀掳掠，给当地人民带来了深重灾难。期间，袁崇焕率军在北京城下与八旗军数次激战，各有一定损失，但没有决定性战果。之后，袁崇焕突然被崇祯皇帝逮捕下狱，第二年被酷刑剐杀。皇太极在取得丰硕战果之后，于崇祯三年初返回盛京（沈阳），并在关内留下一部人马固守。不过，这部分留守兵马很快被明军击败后逃回辽东。这次事件史称"己巳之变"，其后十多年间皇太极又四次派军入关，遍及京畿周边各地，掠夺人畜及金银财宝无数，最远竟到济南，对明王朝的经济、军事等各方面造成严重的破坏。

皇太极绕过关宁锦防线攻击关内各地，并不意味着关宁锦防线没有战略价值，实际上关宁锦防线仍然是扼守咽喉要道的重要防御体系。由于没有得到辽西走廊，皇太极只能绕过关宁锦防线对关内进行大规模袭扰，但又因为交通不便，他只能短期出兵，还要担心辽东腹地被袭扰。而且，皇太极在关内占领的地盘，也无法固守。因此，辽西走廊仍然是皇太极必须攻占的目标。

崇祯十四年（公元1641年），关系到明朝国运的松锦会战爆发。之前，皇太极命清军对祖大寿驻守的锦州进行长围久困，守军难以支撑，密奏明廷尽快救援。崇祯皇帝命名将洪承畴率王朴、曹变蛟、吴三桂等八总兵步骑十三万屯兵宁远，准备增援锦州。在明廷的一再催促之下，洪承畴于七月底率军到达锦州附近，与清军展开激战。八月初，皇太极带病从沈阳赶到锦州前线指挥作战。皇太极久经战阵，临战经验丰富，他敏锐地发现了明军布阵方面的漏洞，派兵挖长壕截断了明军的后路，并攻占了明军的囤粮之所。在面临绝境的情况下，明军将领意见不一，没有全力决战的决心，甚至有的将领独自率部逃跑，最终导致失败。明军大部被清军消灭，小部分逃回了山海关。

松锦会战是明清两军主力的战略决战，也决定了明清两大王朝的国运。此战使得明廷苦心经营多年的九边精锐主力丧失殆尽，不但无力抗衡清军，也无力镇压和防御李自成的农民军，大明王朝的命运就此注定。而清军虽然取得了胜利，但也损失惨重，一时无力发起大规模进攻。松锦会战之后不久，皇太极突然病亡，幼子福临即位，多尔衮任摄政王，实际掌握军政大权。

崇祯十七年（公元1644年）三月十九日，李自成大顺军攻取京师，崇祯皇帝自尽，明朝已亡。此时多尔衮以奉命大将军统率满、蒙、汉八旗军十余万人，正在进军关内的路上，至辽河，才得知李自成已经灭明。多尔衮于是采纳明降将洪承畴建议，决意率兵经密云一带南下，直趋北京。与此同时，原辽西明军统帅吴三桂本已投降李自成，但是由于其父吴襄被大顺军拷掠，爱妾陈圆圆被李自成的大将刘宗敏夺占，一怒之下又拒降李自成，回师据守山海关。李自成于四月十三率兵六万向山海关进发，携吴襄随军同行。吴三桂遣使致书多尔衮求援，清军闻讯后改道从连山（在今葫芦岛市境）、宁远一线日夜兼程，疾趋山海关。李自成对清军情况不明，行动迟缓，二十一日才抵达山海关下，与吴三桂部激战一日，未分胜负。当天夜里，吴三桂见情势危急，出城向多尔衮剃发称臣，归降清军，请其入关进击大顺军。多尔衮见吴三桂归顺非诈，遂同意清军参战，令吴三桂部胳膊系白布以区分。二十二日，多尔衮先以吴三桂部迎战大顺军，本部则待机出击。大顺军与吴三桂部血战至中午，双方疲惫不堪，损失惨重。此时狂风大作，多尔衮急令八旗精骑乘风势从侧翼直冲大顺军，后者一败涂地。李自成不得不仓促退回北京，途中杀吴襄以泄愤。

山海关之战是清军入关的关键一战，不但意外得到了山海关，而且重创了李自成主力，使后者从此一蹶不振，从而提前打垮了入关后的头号对手。而关宁锦防线也从此退出了历史舞台，辽西走廊再次成为兵家必争之战略要地，是在304年后的1948年，从锦州攻坚战和塔山阻击战开始的辽沈战役揭开了三大战役的序幕。

今天我们回顾这一段历史，做点事后诸葛亮的评论，就能够很清楚地看到，关宁锦防线固然是发挥了一定的防御作用，但是代价实在是太大了，最后在经济上和军事上分别拖垮了明王朝。关宁锦防线的建设和维持工作耗资巨大，大明王朝原有的财政收入已经远远不能满足军费开支，不得已明朝开始大幅度增加农民税收，因为辽东战事而开始增收的所谓"三饷"（辽饷、剿饷、练饷）逐渐使普通农民扛起了极为沉重的负担，加上各种天灾人祸，使得关内饥民遍地，揭竿而起者层出不穷。关宁锦防线本身实际上始终没有被彻底攻破，但是它的后盾却彻底烂掉了。就这一点而言，王在晋等人的观点是正确的，而孙承宗和袁崇焕等人则是选择了一条错误的战略方针。

但是，关宁锦防线给经济上带来的灾难其实还是其次的，最大的问题是它在军事上带来的恶果。由于关宁锦防线延伸到了辽西走廊的东端锦州、大凌河一线，这里就成了八旗军重点围攻的地方。而明廷为了增援这里，就不得不东出山海关四百余里，劳师远征。这就给了八旗军围城打援的绝好机会，充分发挥了八旗军的野战优势，把明军主力拉出城防工事来予以歼灭，这就是松锦会战明军主力彻底失败的根本原因。有生力量被消灭，这比金钱的损失显然更为致命。

王在晋等人的方案，看似怯战，实际上就避开了上述问题。实际上清军始终就没有能力直接攻克锦州，而山海关防御条件远远强于锦州，明军全力防守山海关以截断辽西走廊是可行的。

天启、崇祯两位皇帝在位期间，在关宁锦防线的战略抉择上都犯了根本性错误，根本原因在于孙承宗的关宁锦防线方案本质上是一个准备进攻的方案，把防线延伸到锦州是为了随时出兵收复辽东。这个方案，恰恰迎合了皇帝和明廷朝野上下急于收复辽东的心理，但是却脱离了现实。当时的明军，已经无力与八旗军进行大规模野战，早已丧失了战略主动权，在这种情形下明廷还在幻想反攻辽东，就犯下了根本性错误。

但是在明廷的对手方面，皇太极就能够在战略抉择上择善如流，根据实际情况及时调整策略，这是他能够取得根本性胜利的基础。皇太极刚即位的时候，就对锦州和宁远发动了进攻，试图打开辽西走廊。但是初战不利，让皇太极认识到关宁锦防线很难轻易撼动，因此就改变了策略。首先，皇太极采取深根固本的策略，励精图治，并缓和辽东地区的民族矛盾，恢复生产，巩固他在辽东的统治。其次，他分别发动了对朝鲜和蒙古诸部的攻势，削弱了明王朝的羽翼（当时朝鲜是明朝的铁杆盟友，而蒙古各部则大多在两强之间态度不一，首鼠两端）。尤其重点打击了倒向明朝的察哈尔部，同时打开了绕开辽西走廊奔袭明朝的道路。在完成上述准备之后，又赶上袁崇焕擅杀毛文龙，少了一个牵制后方的对手，皇太极果断挥军绕道伐明。这次进攻大获成功，皇太极因而信心大涨，回师沈阳前还在关内数城留兵，打算长久占领。但是皇太极刚刚离开关内不久，明军就击败了留驻在关内的八旗军。皇太极因此意识到，如果不能夺取辽西走廊，他是无法在关内立足的，所以还是把进攻重点放到了锦州一线，同时每隔一段时间就入关袭扰，抢掠人畜财富，削弱对手。皇太极在锦州一线对明军据点采取长围久困的明智策略，没有把宝贵的兵力用于攻坚，而是在围城打援上发挥八旗军的战力优势，大量消耗明军的有生力量。最终，皇太极得到了他梦寐以求的辉煌战果。

　　复盘关宁锦防线的这一段历史，回顾明廷相关的决策过程，如果说明廷在前期犯下这种错误还是难免的，但是在"己巳之变"后仍然不能改变策略和调整部署，就很难理解了。"己巳之变"后，明廷应该清醒地认识到战略主动权早已落到了对方手里，明军主力在自己的腹地都无法通过野战消灭八旗主力，甚至在北京城下连战连败，何谈收复辽东？"己巳之变"后，明廷应综合王在晋等人和之前的辽东经略熊廷弼的建议，一方面把关宁锦防线的军队集中在山海关一线，并且加强山海关的防御工事，另一方面应在天津、登莱（胶东半岛一带）两地设置水师，恢复和加强原毛文龙所部的力量，必要时可以从海上袭扰辽东各地，加强对辽东方面的牵制力量，减轻山海关和北部长城边关的压力。此外，防御兵力收缩到山海关一线，把辽西走廊让给皇太极，同时也把包袱甩给了对方。在掌握水师的情况下，明军可以根据情况随时袭击辽西走廊上的八旗军后勤辎重，在局部战场上夺回主动权。明廷可以把从关宁锦防线节省下来的军费用于重建和加强宣府、大同、蓟州、昌平等军事重镇的防务体系，对八旗军队从北方破长城关口而入的情况做好充分的迎战准备。明军的战略重点应该是在扼守山海关的同时，重点防御和打击通过长城隘口入侵关内的八旗军队。如果明廷打算寻机与八旗军队决战，也应该将战场选在关内，而不应该选在远在关外四百余里的锦州。灾难性的后果是从错误的战略抉择开始的。

这一段历史已经过去了接近400年，我们上面这些纸上谈兵的战略方案虽不至于被贻笑大方，但是也确实谈不上是什么过人的高论。就在当年，已经有相当多的明朝官员提出过类似的建议，只不过是没有被采纳而已。为什么这些在今天看起来顺理成章而且也并不难以理解和权衡的战略，当年就没有被天启和崇祯采纳呢？可能这才是值得讨论的地方。

天启和崇祯两位皇帝并不是能力平庸之辈，崇祯就不用说了，他被臣下公认是"英明"之君；天启皇帝虽然被《明史》写得很不堪，但是我们如果看了当年天启对袁崇焕等人奏章的批复内容，就会发现天启实际上是个相当精明强干的人，指陈大事的能力甚至有过于崇祯。但是他们两个人在关宁锦防线的战略问题上都犯了同样的错误，尤其是崇祯，直到最后也没有能够纠正错误，反而进一步栽倒在上面。这方面，跟皇太极善于根据实际情况及时调整策略的做法形成了鲜明对比。

有的评论者把责任归咎于孙承宗，认为是深受皇帝信任的孙承宗提出的战略拖累了大明王朝。这当然不是没有道理的。用今天的话说，孙承宗是大明王朝不折不扣的"德才兼备"的重要栋梁之才，清正忠直，既是忠臣也是能臣，其人最后英勇殉国，一门忠烈。这样的人，得到皇帝信任是很正常的。孙承宗提出的策略，也因此得到皇帝的高度重视，也是顺理成章的事情。但是平心而论，孙承宗毕竟不是最后的决策者，他可能对大明王朝的财政状况也并不是特别清楚。最根本的原因，还是天启和崇祯两任皇帝毕竟是生长于深宫中，成为皇帝之前并没有经过长期的基层锻炼，对于军国战略并不内行。这种情况下，他们更加信任朝廷的忠臣和重臣，更加倾向于朝野普遍的呼声，但是这并不能保障他们选择的战略是正确的。而皇太极自幼成长于战阵之中，对外身经百战，对内精通政务，对战略局势的判断能力非常人可比。松锦会战时，面对明军名将洪承畴统帅的十三万大军，诸多八旗将领逆战不利，形势危殆。皇太极带病奔赴战场，亲自指挥，一举扭转了战局。不管是战略决策还是战役指挥，皇太极的能力都是普通将领难以望其项背的，而其战略决策眼光也非一般大臣所能企及。在对峙双方各有优势的情况之下，决策者的战略抉择就成为关键。

这一节的最后部分，我们暂时离开"高大上"的历史回顾，回到"庸俗现实"的企业经营话题，至少有四个观点值得一探。一是企业的一把手最好要精通自身业务，用好人才是必要的，但是关键决策方面自己要懂，要真懂。二是知道自身的能力范围，不要做超出能力范围的事情，不管它多么美好。三是要保证企业现金流，无论如何不能让现金流断了。

就在松锦之战的收官阶段，皇太极布置了各路大军去围堵即将撤逃的明军主力，但是他百密一疏，更多也是因为兵力不足，清军大本营的留守兵力就不太充裕。明军曹变蛟部在晚间奋力一击，直扑皇太极的中军大帐，竟然一直打到了帐前，皇太极险些殒命。如果洪承畴更果断一些，投入兵力更坚决一些，甚至集中精锐拼死一击，历史必将改写。这就引出了第四个观点，即便一个企业家懂得上述三点，也做对了一切，也不能保证自己会完胜。不仅竞争对手还有发言权，更主要的是，在命运面前只能保持谦卑。

史料解读十二

一言难尽袁崇焕

谈明朝历史绕不开袁崇焕，即便不想提也不得不提。其人经历跌宕起伏，个中原因非常复杂，时人和后人对此也存在极大争议。

袁崇焕，字元素，号自如，广东东莞人。万历四十七年，袁崇焕三十五岁中进士，授福建邵武知县。天启年间，辽东战事渐起，袁崇焕素好谈兵，对军事饶有兴趣，得到了上司的注意，被推荐到了兵部。之后他又单骑到关外考察，并毛遂自荐到关外担任军职，期间他表现出了突出的胆识和才干，从此得到了多位守边重臣的欣赏和提拔。王在晋和孙承宗两人积不相能，但是都对袁崇焕颇为赏识，而袁崇焕则更多地追随孙承宗。宁远一战，袁崇焕崭露头角，开始得到重用。宁锦一战，明朝内部又号称大捷，袁崇焕更被明廷倚为干城。之前明军对八旗军屡战屡败，从这两仗开始，至少是稳住了阵脚，安定了军心，袁崇焕也得到了很高的评价。袁崇焕就此整顿军备，安抚民心，推行"以辽人守辽土"的策略，建立起一支有较强战斗力的骑兵部队。

但是与此同时，袁崇焕的个性也逐渐张扬起来，与同僚大将多有不和，与朝廷也有矛盾。而且异乎寻常的是，袁崇焕在积极备战的同时也是一位积极的主和派，他找机会与皇太极建立联系，并向朝廷建议和谈，这一点引起了天启皇帝的不悦。不久，袁崇焕辞职归乡。崇祯皇帝即位后，袁崇焕重新获得启用，以兵部尚书衔统率山海关内外及天津、登、莱诸地的明军，向崇祯许诺"五年平辽"。崇祯因此对袁崇焕寄予厚望，全力支持。崇祯二年，袁崇焕到皮岛，矫诏擅杀当地主将毛文龙。数月之后，皇太极挥军绕道入关，直逼京师，史称"己巳之变"。袁崇焕率军回援京师，在京城外与八旗军数度激战，后被崇祯皇帝逮捕下狱，第二年因擅杀大将、勾结后金等罪名被凌迟处死。

袁崇焕之案，在一开始就有人为之不平，但是影响很小，事实上他被杀时北京城内的百姓人心大快，时人看法大抵如此。后来，清朝乾隆皇帝亲自为袁崇焕翻案，他一方面认为袁崇焕杀毛文龙为"妄杀"，另一方面又提供了当时的"内幕"，称"己巳之变"时皇太极实施了反间计，故意让手下人在被抓的太监面前泄露与袁崇焕有勾结，太监逃跑之后报告崇祯皇帝，后者中计杀了袁崇焕。乾隆的说法当时无人敢于质疑，从此袁崇焕的历史形象得到了彻底改变。到了民国时期，更有文人把袁崇焕树立为民族英雄，进而与岳飞并列，这种说法流传至今。在现代流行的金庸小说里，袁崇焕的形象是很光辉的。当然，这与真实的袁崇焕就相距甚远了。

回顾这一段历史，我们首先要分析的是，"己巳之变"中崇祯为什么冒着巨大的风险，在战事方酣的时候将袁崇焕下狱？其次，袁崇焕毕竟曾是守边功臣，崇祯为什么不能念他过去有大功而饶他不死，反而将其酷刑剐杀？明朝中后期历史上，因为敌人入侵到长城内尤其是近畿，被追究而丢官甚至丧命的高官不乏其人，但是对袁崇焕酷刑剐杀的处罚还是极为罕见的。

如果追究"己巳之变"发生的责任，袁崇焕肯定难辞其咎。皇太极的数万人马从沈阳出发，绕过关宁锦防线，其间距离接近时不过百里之遥，袁崇焕竟然一无所知，显然是有失职守；皇太极破长城关口而入并逼近遵化时，袁崇焕在敌情不明的情况下匆忙派遣赵率教率领四千名精锐骑兵赴援，结果中伏全军覆没，这是明显的指挥失误；此外，袁崇焕的恩师孙承宗要求袁军将八旗军阻挡在外，远离京师，但是袁崇焕没有这样做，而是率军直接奔赴北京，随后皇太极就兵临城下。按照明朝惯例，敌军突破外围防线迫近京畿重地，相关督抚大员是要杀头的。这也是孙承宗要求袁崇焕无论如何要在京师外围挡住皇太极的直接原因。这种情况下，崇祯皇帝还对到达京城的袁崇焕大加慰问，显然是着眼于上下一心共渡难关，当时并不想对袁崇焕发难。但是袁崇焕后面的一系列表现，确实让朝野上下侧目。就在朝堂之上，他对皇帝和众臣们说这次皇太极是准备打进北京城登基称帝的，这个场合说这样的话，在当时的环境下颇有不敬的味道。崇祯不露声色，但是下面的大臣们多是大惊失色。此后，袁崇焕驻军城外并数次与八旗军激战，但他以部队伤亡严重为由，多次坚决要求入城休整。明朝祖制明确规定，外地来的勤王军队非诏不得入城，其中的政治涵义不言而喻。袁崇焕显然是明知故犯，不把朝廷法令放在眼里。特别是在这种敏感时期，他的做法也在不断挑战着崇祯的容忍底线。忍无可忍之下，少年天子崇祯显露出了他性格中刚强果决的一面，他以"议饷"

的名义把袁崇焕召入紫禁城，将其逮捕下狱，并任命满桂为城外明军的统帅。

京城附近勤王的明军中，只有袁崇焕带来的关宁军战斗力较强，但是袁崇焕被捕下狱后，关宁军在祖大寿的带领下狂奔回山海关，后来接到袁崇焕的亲笔信之后才被安抚。不久，满桂统领明军步骑四万与八旗军对战，全军覆没。满桂战死，其余明军名将孙祖寿、黑云龙、麻登云等或被杀，或被俘。

袁崇焕被逮捕下狱乃至被杀，不仅与其在"己巳之变"的表现有关，更与他之前的言行有关；不仅是擅杀毛文龙的问题，更与他承诺"五年平辽"有直接关系。袁崇焕许下"五年平辽"的承诺刚刚两年，皇太极干脆就打到了京城之下，袁崇焕始则对敌情一无所知，继则无力阻挡，让对手一直打到了北京城下。就在京城之下、天子面前，倾尽天下之财力打造出来的关宁军也无力打败八旗军，顶多只能算是打个平手，这已经证明"五年平辽"无法兑现，只能算是"欺君之语"了。直到这个时候，袁崇焕也没有表现出应有的羞惭愧悔，没有体现出谦谨恭敬的为臣之道，反而理直气壮地要求违制率军入城。这在朝野众臣看来已经接近于"目无君父"的僭越行为了，怀疑袁崇焕要乘时局之危效仿董卓的人不在少数。最大的问题是，明廷上下直到这个时候还对双方军力对比没有一个清醒的认识。不少人认为袁崇焕是保存实力不愿意真打皇太极，甚至还有人认为除掉了他们心目中"出工不出力"的袁崇焕，数量上占绝对优势的勤王明军就能够彻底打败皇太极。这些认识和想法与实际情况相距千里。

从崇祯皇帝的角度看，他是对袁崇焕有大恩的。之前袁崇焕不被天启皇帝重用，不得不辞官回乡。崇祯即位后，不但重新启用袁崇焕，而且恩宠有加，大力提拔，并且倾国之力予以支持。古时唐太宗临终前贬抑李勣而让唐高宗重用李勣，李勣因而死心塌地效忠高宗，进一步稳定了大唐江山，崇祯显然是有师唐宗故智的意图。而袁崇焕回报给他的是一系列目无君父、骄横跋扈的行为，对年轻皇帝来说这是难以容忍的。当时崇祯正值年少，心高气傲，自期能够成为一代明君。而袁崇焕对他连出大言欺诳，似乎视皇帝如阿斗。最终，崇祯忍无可忍，对袁崇焕痛下杀手。

至于崇祯是不是受了反间计的影响，现在来看，没有明显的证据或者迹象说明袁崇焕被杀是因为皇太极的反间计。皇太极一向善于用计，在袁崇焕擅杀毛文龙之后，皇太极就让人散播谣言，称袁崇焕为了与皇太极议和，在皇太极的要求下才杀了毛文龙。这个反间计还是比较毒辣的，诸如此类的反间计不一而足。而乾隆皇帝所述的"太监反间计"版本似乎有些离奇，跟三国演义里的"蒋干盗书"类似，恐怕可信度不高。当时皇太极与崇祯两方面都在互相挖角，互相使用反间计，相关记载不少。崇祯为人相当精明，恐怕不会轻易上当，而他之所以逮捕和杀掉袁崇焕，主要还是前面所述的几条理由。

那么袁崇焕被杀到底是不是蒙冤呢？回答这个问题，首先要分析一下袁崇焕其人。

袁崇焕是一个富有胆略和才干的人，这从他的经历里面可以清晰地看到。从他单骑考察边关，坚守宁远，到深入皮岛诛杀毛文龙，可以看出他这个人是非常敢于冒险的，敢想敢干。他的上司王在晋和孙承宗都非常赞赏他的能力，而关宁军的将士们对他也非常敬佩拥护，几乎到了只知袁崇焕不知朝廷的地步。即便是袁崇焕下狱之后，他以待罪之身在狱中发出的一封信也比关宁军的老上司孙承宗代表朝廷下发的命令对关宁军的影响力明显更大。从这里可以看出，袁崇焕的统御才能是相当突出的。考虑到袁崇焕真正统领关宁诸军的时间不过短短几年，而且他的资历也并不突出，取得这样的影响力实在令人感到异乎寻常。

但是另外一方面，袁崇焕又是被当时和后世误解最多的历史人物之一。现代的很多历史介绍文章里把袁崇焕树立为一位不世出的常胜将军，屡次击败努尔哈赤和皇太极，是皇太极无法战胜的对手，乃至于比肩岳飞，这些都是不符合历史真相的。而"己巳之变"时京城百姓中四处泛滥的传言是袁崇焕故意放水，把八旗军引到京城之下，这也显然纯属猜测和谣言。

袁崇焕是一位能干的将领，但是拿他的军事成就与皇太极和岳飞相比都是不合适的（虽然后面两位也不是一个层次的人物，同样不具备可比性）。

在战略眼光方面，袁崇焕的能力并不算突出。前面已经提到了袁崇焕在关宁锦防线的战略选择方面的失误，实际上他在擅杀毛文龙以及后续处理方面同样也存在失误。之前毛文龙盘踞皮岛，俨然是割据的藩镇，被怀疑多次虚报战功甚至杀良冒功，也引起了上司和明廷的猜忌和不满。毛文龙所部兵员不过二万，战斗力不强，号称多次出兵牵制后金，实际上多为虚张声势，并没有对皇太极形成实质性的威胁。但是皮岛战略位置极为重要，靠近朝鲜和辽东，是一个重要的战略支撑点。如果明廷采用熊廷弼的建议，在天津和登莱地区建立一支强大的水师，皮岛的战略作用就会显得极为重要。袁崇焕和明廷显然对此都缺乏认识，不仅是袁崇焕擅杀毛文龙，崇祯皇帝在袁崇焕下狱之后也不肯给毛文龙平反，连表面文章都懒得做。如果他们意识到皮岛的战略地位，断不会如此对待毛文龙及其部下。这样做的后果是，毛文龙的部下后来相继投奔皇太极，还把红衣大炮的制造技术带过去了。皇太极为此亲出沈阳远道欢迎，欣喜若狂。这些人后来成了清军汉八旗的主力，后来著名的"三藩"里有两个藩王都出自这批人。至于红衣大炮对于八旗军的价值，用后来清廷自己的话来说，平定天下靠的就是这种炮。它从根本上弥补了八旗军攻城能力的不足，从此八旗军真正做到了所向披靡。而皇太极对待皮岛的态度则与明廷截然不同，他没有因为毛文龙所部仅有骚扰能力而忽视皮岛的价值，而是千方百计去招抚皮岛的人马，后来还派兵攻占了皮岛，并为此到祖庙里告祭努尔哈赤，其内心的兴奋之情可见一斑。

袁崇焕的战功主要体现在守城方面。他不但改变了明军的传统打法，并采用红衣大炮辅助防御，而且即便是派遣部队出击也不远离城池，坚持背靠城墙与敌军进行厮杀。实质上他是极力回避进行真正的野战的。在这个问题上，袁崇焕是明军将领中少有的明白人，他这样做是无可厚非的。事实证明，即便是满桂这样的勇将，带领多于对手的明军步骑精锐远离城墙与八旗军进行野战，也难免全军覆没的结局。

"己巳之变"中，袁崇焕原计划在蓟镇阻击八旗军，但是皇太极绕开了蓟镇直扑昌平一带，袁崇焕则不再追击皇太极，也不赶往昌平，而是直接奔赴京城，赶在皇太极之前到达京城布防。他的这一决定激怒了孙承宗，也引起了朝野上下极大的怀疑。实际上袁崇焕这样做是对的，只是明廷和孙承宗都没有理解他，而他也没有说破其中的实情。如果当时袁崇焕从蓟镇追击皇太极，很可能会遭到皇太极的回身反杀，在纯粹的野战环境中关宁军难以幸免，赵率教就是前车之鉴。退一步说，如果袁崇焕绕路赶往昌平，皇太极很可能会绕过昌平直扑京师，这个时候袁崇焕只能随后赶赴京城或者尾击皇太极，这种情况下很难避免与八旗军进行野战，关宁军还是凶多吉少。因此，袁崇焕针对皇太极的"攻其所必救"和"围点打援"策略，针锋相对采取"救其所必攻"的对策，虽然实属无奈，但是不失为明智之举。但是，这也给袁崇焕埋下了祸根。

　　其实从赵率教的全军覆没到袁崇焕回援京师的整个过程看，可以确定袁崇焕并不存在与皇太极相互勾结的可能。赵率教的全军覆没，纯属情报失误和指挥错误，袁崇焕决不会拿四千关宁军骑兵精锐做牺牲品的，这是他的命根子。而皇太极在进军北京的过程中，对袁崇焕所部可以说是步步暗藏杀机，刀刀意欲封喉。至于北京城下的血战，自然更不是演出来的。

　　在冷兵器时代，很少有单纯依托城池进行防御就能取胜的，取得战争主动权的关键手段还是野战。岳飞在中国战争史上有很高的地位，一个重要原因就是岳家军能够与金军的重甲骑兵主力进行野战并且取得胜利，尤其岳家军以步兵为主，能取得这样的战绩在那个时代是相当了不起的。虽然由于种种原因，迄今广为流传的几次岳家军大捷在宋金两方的正史里面都不见记载，其真实性有待考证，但是岳家军能够在野战中击败金军重兵集团并不断向北推进是可以确信的。很显然，明朝军队在萨尔浒之战后已经完全没有能力与八旗军主力在野战中对抗，唯一的例外是松锦之战初期洪承畴统率的九边精兵曾经在锦州外围一度击败过八旗军，但是最终的结果还是明军全军覆没。客观评价的话，袁崇焕是一位非常有能力的将领，但是他并没有能够扭转或者改变明军在野战中的被动局面，而缺乏野战对抗能力无疑是致命的弱点。而崇祯和朝臣们远离疆场，对战场真相并不清楚，这就造成了最终的悲剧。

就袁崇焕个人性格而言，一方面是胆略过人，敢为天下先，有杀伐决断；另一方面性格上则有轻狂骄躁的毛病。天启末年，袁崇焕曾经给天启皇帝上了一份奏折，提出了一系列宏大的平辽措施，就被天启皇帝严辞诘问，认为不切实际。顺便说一句，天启、崇祯两位皇帝在历史上的昏聩形象基本上是清朝编修的《明史》给刻意打造出来的，包括乾隆皇帝给袁崇焕翻案，也包含着要把崇祯塑造成昏君的意味，目的不外乎是给改朝换代提供正当理由。

崇祯初年，袁崇焕被重新启用，被皇帝平台召见时，又一时头脑发热说出了"五年平辽"的大话。后来随行官员问他为何对皇帝说出这种话，袁崇焕一笑说："圣心焦劳，聊以是相慰耳。"在关系社稷安危的军国大事上如此轻躁，也给他自己埋下了祸根。不可否认的是，崇祯皇帝在这个问题上同样负有重要责任，他应该有自己的判断，而不能一开始轻信袁崇焕，后来又一味追究袁崇焕的"欺君之罪"，却没有检讨自身的责任，也没有真正反思总结明廷在辽东整体战略上的问题。

不可否认的是，袁崇焕在督师辽东的几年时间中，大权独揽，藩镇化的倾向比较明显。从擅杀毛文龙到"己巳之变"中要求入京城休整，以及对满桂的种种排挤，袁崇焕兵权在握目无朝廷的态度让崇祯难以容忍。明朝晚期，边将藩镇化的倾向在万历年间就相当明显，比较典型的是长期镇守辽东的李成梁，麾下以个人名义豢养大批精锐部队，名为家丁，实为私人武装。到了天启、崇祯年间，由于战乱频仍，朝廷的控制力下降，这种军阀化、藩镇化的趋势就更加普遍。像盘踞皮岛的毛文龙，就是一个例子。袁崇焕本身就胆大过人，加之在军中唯我独尊，"己巳之变"中意外到了京城，就不可避免地撞到了崇祯的刀口上。

回到最初的问题上，即袁崇焕是否是被冤杀的呢？按照明廷的先例，敌人入侵到京师附近，相关督抚大员是要被杀头的，这种例子已经不止一个了。虽然袁崇焕难辞其咎，但毕竟有情有可原之处，八旗军是绕过其防线迂回击破长城而入的，并不是通过其防区，常理之下并非非杀不可，何况袁崇焕毕竟有过大功。但是崇祯对袁崇焕的大言欺君和种种跋扈行为极为恼怒，不但决心杀他，而且是酷刑处死，这显然是处置过重了。朱明王朝从太祖朱元璋开始就一向果于杀戮，与上一个汉人王朝赵宋一朝"不杀士大夫"的规矩相比可谓是截然相反。前有熊廷弼，后有袁崇焕，都曾立过大功，也都是因为一次战事不利而被杀。胜败本是兵家常事，一次失利就诛杀主帅，显然有失公允。即便崇祯怀疑袁崇焕屡次要求入城将有异动，谨慎起见将其拿下，但是毕竟袁崇焕反迹未彰，这样酷刑剐杀难以让边关将士服膺。如果明廷能够大度一些，让袁崇焕卸下兵权，在朝廷内部担任谋臣以戴罪立功，并且给毛文龙平反以安慰所部将士，这是比较合理的处理方案。

袁崇焕的际遇无疑是一场彻底的悲剧。当初袁崇焕以一介书生在国家有难时挺身而出，一心想"了结君王天下事，赢得生前身后名"。当努尔哈赤挟百战百胜的威名率领八旗铁骑逼近宁远的时候，诸多明军宿将为之胆寒，而袁崇焕镇定自若，坚守城池。这个时候，袁崇焕无疑是一位不折不扣的英雄人物。但是当他闻名天下的时候，权力和荣耀纷至沓来的时候，无形的陷阱也在前方等着他。

悲剧之处不仅于此。袁崇焕实际上是一名积极的主和派，以此作为缓兵之计，上任之后不断与后金之间使者往来。即便是他急行军回师救援京城，也不忘带上一名藏传佛教的喇嘛，很可能是准备与皇太极进行沟通交涉。这也是他的罪名之一。

袁崇焕的最后时刻，无疑是百感交集的，从他的绝命诗中就能够看出来，"一生事业总成空，半世功名在梦中。死后不愁无勇将，忠魂依旧守辽东"。袁崇焕的悲剧，不仅是他个人的悲剧，同时也是崇祯的悲剧，大明王朝的悲剧。

从历史知识里面，我们多少能够找出一些对企业经营管理有帮助的感悟。

第一，真实的历史或者真实的工作生活中，每个人都是有灰度的，并不是那么清晰的非黑即白。而过去的书本往往告诉我们谁是忠臣、奸臣，谁是好人、坏人，泾渭分明。袁崇焕就是个有灰度的人，并不是简单的忠、奸、对、错能够概括的。孙承宗个人的才能、品德无可挑剔，赢得皇帝和朝野的高度信任，但是他却提出了一个灾难性的战略方针。崇祯皇帝胸怀大志，勤奋自律，但是却长于治事，短于戎机。胜利者皇太极也有不为人知的另一面。松锦之战全胜之后，死里逃生的皇太极却接到了爱妃去世的消息，这位身形魁梧（身高在一米九以上）、身经百战的统帅一下子就崩溃了，竟然是哭着回到沈阳的。此后他就郁郁寡欢，身体状况急转直下，两年后就溘然去世了。真实的历史人物远比史书上复杂得多。

第二，用人提拔方面合理适当的节奏把握和制衡举措，是对个人、对团队、对企业都有好处的事情，某种程度上能够避免不必要的个人膨胀和骄傲自满。一个人能够得到提拔，一般来说既有自身的长处，也有机会因素。但是过快提拔后个人就容易膨胀起来，盲目自大，进而导致挫折，甚至从此一蹶不振。这样的例子在工作和生活中屡见不鲜，正所谓"塞翁得马，焉知非祸"。有明一朝长期采用经略和巡抚相互制衡的制度，但是崇祯在启用袁崇焕的时候，可能是为了全力支持后者，也可能是考虑到过去袁崇焕与同僚多有不合并经常抱怨"事权不一"，对袁崇焕完全没有任何制衡措施，而是付之以全权。这种出发点无疑是好的，但是结果却事与愿违，袁崇焕在大权在握的情况下却闯下了无可弥补的大祸，最后自己也被传首九边。袁崇焕下狱之后，想必崇祯也会后悔当初的决定。

当然，懂得这些道理并不代表就能够真正用好它们，我们在生活和工作中恐怕也很难避得开一些错误决定，"纸上得来终觉浅"，不撞南墙是没有深刻理解和切身体会的。

崇祯的决断

　　如果崇祯皇帝朱由检在和平时期执政，他很可能是非常有作为的一代明君。如果能够处在万历的位置上，他的表现很可能要比自己的爷爷强很多。崇祯皇帝确实有非常多的优点，有志向，有毅力，勤奋节俭，严于律己，勤于政事，对臣下能够严格要求，不稍宽贷。虽然清朝修订的《明史》对他多有暗贬之处，今天人们流行的观点里面对他也多有误解，但是崇祯个人的优点也是无法否认的。今天我们回顾历史，不应将崇祯皇帝和明廷的各种作为贬低得一无是处，也不应该简单地将东林党和宦官势力分出一好一坏。明朝的言官势力非常强大，成为朝廷政治的一股重要力量，东林党势力跻身其间，对朝野舆论影响巨大。言官们不合实际、不负责任、迂腐不堪的言论却在当时广受欢迎，对非常在意朝野舆论的年轻皇帝产生了重大影响。

　　当然，崇祯本身也是个有灰度的人，有性格和能力方面的弱点，对大明王朝的倾覆，他也存在一定的决策方面的责任。我们在前面已经提到了这方面的内容，例如关宁锦防线的决策失误、对袁崇焕的用人失误以及对毛文龙的处理失误等。除此之外，在李自成大军逼近京师的时候，他既没有及时南撤，也没有派太子到南京以备不测，造成了极为不利的深远后果。当时他如果能够比较果断地抽调吴三桂所部回京护卫，也能够缓解局势。在筹饷方面，如果崇祯能够拉下脸来，让锦衣卫查抄几个贪官，得到几百万两白银的军饷并不是太困难的事情，但是他也没有这样做。

就个人能力而言，崇祯可以说是比较强的，头脑很聪明。但是在性格方面，他相对来说比较执拗，也比较好面子，不太善于根据实际情况进行变通（很可能是性格问题而不是能力问题）。例如，当时与皇太极和谈的机密泄露后朝野哗然，兵部尚书陈新甲因此下狱，后来又被崇祯杀掉。这就是明显的处置失当，这样对待朝廷重臣，谁还敢跟皇帝献计献策？如果是位经验丰富的君主，他可能就给自己找个台阶下了，断不会因此杀掉自己的亲信重臣。当然我们不能忘了，崇祯自幼长于深宫，未曾接受长期的基层锤炼，即位时只有17岁，离世时也不过34岁而已。

从时代背景来看，崇祯可谓生不逢时，大明王朝已是大厦将倾，非独木可支。在整体局势江河日下、可用资源左支右绌的情况下，他的任何一个决策失误都可能会产生严重后果，而任何决策者都不可能完全避开失误。而如果一个王朝是处于上升期的话，情况就会好很多。例如同样是少年天子的康熙，在处理三藩之乱时曾经犯了很大的错误，但是他就有惊无险地渡过了难关，成为"福寿双全"的一代明君。

崇祯即位的时候，大明王朝已经呈现了明显的倾颓征兆。一方面，好大喜功又不务正业的万历皇帝已经在"万历三大征"和日常的骄奢淫逸行为里大大透支了国力，留给崇祯的是一个烂摊子。大明王朝的建立已经超过了200多年，朝野风气糜烂，文官系统内斗激烈，党争极为严重。武将系统的腐败也不遑多让，甚至更为致命。明朝军队将领玩寇自重、拥兵抗命者前后不绝，军阀化倾向日益突出。在明军中下层，军官盘剥士兵和吃空饷成为普遍现象，普通军士的生活都难以为继，军队的战斗力极为低下，不堪一战。明朝开国时朱元璋颇为自豪的卫所制度早就名存实亡，大批军人因为长期欠饷而哗变，干脆就加入农民军，反戈一击。这种内外交困的情况下，崇祯确实难以扭转乾坤。即便在李自成进逼北京的时候，崇祯能够逃到南京，结局也很难是乐观的，能够长期划江而治维持半壁河山的可能性也非常低。

当然这样讲也并不是为崇祯开脱，毕竟崇祯在决策方面还是犯下了一系列错误，其中有些错误本来是可以避免的。但是历史大潮之下，总的趋势很难改变。即便崇祯逃到南京，等待他的仍然是极不乐观的局面。首先，明军的主力部队在与清军和农民军的战争中消耗殆尽，江南的明军多为临时拼凑出来的，军纪败坏，骚扰百姓如狼似虎，临战则畏敌如虎，实在不堪一战。其次，即便是这样的一批弱旅，也是内中派系林立，军阀割据，平时不断要挟朝廷，要钱要粮，战时却不听朝廷指挥。一遇劲敌，动辄望风而降。后来的南明政权因此吃尽了苦头。第三，当时大局已然崩坏，中原、关中、巴蜀各地都不在朝廷掌握之下，明廷可以掌握的地盘和人口已经很有限了。最后一点也是很关键的一点，以多尔衮为首的清政权虎视眈眈，步步紧逼，军事手段和政治策略双管齐下，不会给明廷留下东山再起的机会。

历史上的东晋、南宋，都是在皇室倾覆之后，残余皇族成员逃到江南而建立的王朝，但是他们之所以能够生存都是有客观条件的。东晋初创时，统治根基非常薄弱，但是北方的几个少数民族政权互相攻伐，顾不上南下，因此它能够侥幸存活下来。但是即便如此，其早期的内斗也差点让它灭亡。而南宋初期的条件要好得多，当时不仅拥有江南地区，关中、巴蜀各地还在它手里，军队主力大部还在，而且还有韩世忠、岳飞等一批优秀将领忠于朝廷。即便如此，金军渡江南下时也险些让南宋灭亡，皇帝赵构因此逃到了海上。南宋能够维持住的一个重要原因是当时北方的金政权在政治上比较野蛮落后，大部分贵族人物满足于享用从北宋掠夺来的财富和美色，腐化堕落得比较快，缺乏进取心和正确的政治策略。而东晋、南宋曾经拥有的这些有利条件，即便崇祯逃到了南京，也是基本不存在的，事实上后来的南明政权所面临的就是这样一个困局，其倾覆也就无法避免。

对于南明政权来说，最致命的问题就是对手太强大了。以多尔衮为首的清政权采用了非常精明的政治策略，通过"尊儒尊孔"、任用原明朝官吏等一系列措施，迅速拉拢了原明朝官僚阶层和士人阶层。入关初期，多尔衮严明军纪，清军大幅度改变后勤补给制度，不骚扰百姓，也缓解了民族矛盾。在用兵方面，多尔衮能够集中兵力，依次各个击破。对战斗力较强的李自成部，清军动用了八旗主力，穷追猛打，不给对手喘息之机，直到打垮对手。而对于长江以南广大地域上分布的南明诸军，清廷的策略是"以汉制汉"，对投降清军的原明军将领许以"裂土分封"的承诺，鼓励这些汉族武装冲锋在前，而八旗主力处于二线督战的位置。这些汉军部队包括清军中的汉军八旗、吴三桂的前关宁军所部、关内投降的原明军各部，一旦前线遇到硬骨头，实在打不动了，他们往往会奏调"真满洲"（实际上就是满八旗部队）参战。而八旗部队本身战斗力就强，并且一直在二线养精蓄锐，此时对手已受到了巨大消耗，因此在这种情况下八旗军往往攻无不克，一战而下，这也就更加增强了八旗军的威慑力。在这种"千金在前，猛虎在后"的策略驱使下，汉军各部将领非常卖力地攻城掠地，从南京打到福州、广州、昆明各地，只求王侯之位。清政权以十万之众入关，能够得到中原和南方广大地域而自身消耗无几，它的政治策略起到了至关重要的作用。

与创立金政权的完颜家族不同，清朝皇族爱新觉罗家族从努尔哈赤开始就是高度汉化的，富有政治谋略。他们对自己曾经的对手大明王朝极为了解，在多个方面吸取了前朝的经验教训。在这里对明朝和清朝的末期做一下对比，是很有意味的。

清朝是少数民族统治的帝制王朝，仅以很少的满族人联合同样为数不多的蒙古族人来统治人口数亿的广大汉族人口，因此清朝皇室一直很有危机感，清朝历代皇帝的勤政态度在历史上诸多王朝里是相当突出的。在康熙、雍正、乾隆三位皇帝之后，嘉庆和道光两位皇帝虽然能力并不突出，但是都算得上理政勤奋，生活节俭。仅这五位皇帝的在位时间就接近200年，但是到了道光时期，尽管皇帝本人并无乖张行为，但是皇朝的腐败已经无法遏制。道光二十年（公元1840年）爆发了鸦片战争，清王朝的腐败无能已经暴露无疑，签署了丧权辱国的条约，道光皇帝郁郁而终。道光之后，咸丰皇帝刚刚即位，即爆发了太平天国起义，从此大局糜烂，一发而不可收拾。咸丰皇帝当时只有20岁，他面临的情况与崇祯初年相当类似。外部，西方列强虎视眈眈，步步紧逼，瓜分中国的野心昭然若揭。内部，太平军席卷南方，攻克南京，并且四处扩展。不久，长江以北又爆发了捻军起义，战火烧遍了北方各地。而清政府的八旗、绿营各军，早已腐败不堪，连战连败，不但无力遏制太平天国的一步步坐大，甚至连清政府的财赋重心江浙一带都给丢了，让清政府本身的运转都成了问题。崇祯时期明廷内外交困、筹饷无门的窘境，这时候的清廷全都体验到了。

万般无奈之下，清政府展开了一系列操作。正规军是烂泥扶不上墙，清廷就下诏开办团练，在地方上建立新军，湘军、淮军相继成立，成为剿灭太平天国和捻军的主力；原有的农业税收不上来，清政府就开征各种工商税，尤其依靠关税，勉强解决了财政和军费的问题，避开了崇祯末年的致命问题——因为军费缺乏而压榨农民，导致官逼民反和恶性循环。为了避免多线作战，清政府不惜唾面自干对外妥协，以求得一时的平安，而对内则先集中力量消灭太平军主力，继而全力剿灭捻军，并且进一步收复新疆，暂时遏止了沙俄侵吞新疆的野心。在用人方面，清廷虽然也经历了内部动荡和反复，但是总体来说算得上是用人得当，曾国藩、胡林翼、左宗棠、李鸿章等一批能臣得到了重用，并且暂时避免了历史上常见的战乱之后藩镇割据的不良局面。就连崇祯极为头疼的农民起义军降而复叛、时降时叛的问题，清政府在处理类似问题时也显得老道得多，一方面能够重用铁心投降的太平军将领，如韦俊、程学启等人，让这些人为了证明自己而死命拼杀；

另一方面对于心怀两端或者实在走投无路才降的太平军将领则是心狠手辣地斩草除根，不留活路。

总体来说，面对大致相同的内外部环境，崇祯和明廷官员在处理各种军政问题时比较刻板，受当时各种教条思想的影响相当大，这就让自身经常陷入被动之中。而清廷显然要灵活一些，能够根据实际情况决定策略，不但躲过了农民起义的风暴，还迎来了所谓的"同治中兴"，一时间国势复振，俨然繁华再现，歌舞升平。但是，这也不过是给清王朝续命二三十年而已，武昌起义一声枪响，大清王朝顷刻间土崩瓦解。皇朝气数已尽，非人力可以挽回，在历史规律面前，任何努力似乎都是昙花一现，即便崇祯当年能够做到从谏如流、算无遗策，从而力挽狂澜，最多也只能给大明王朝延长一段而已，单个皇朝寿命不过三百年的铁律，恐怕难以打破。如果崇祯皇帝泉下有知，对此恐怕别有一番感慨。

战争与企业经营

战争手段的变化是非常大的，从冷兵器时代逐步过渡到火器时代，后来主战兵器又从第一次世界大战时的火炮升级到第二次世界大战时的飞机、坦克、航母；二战之后，随着科技水平的迅速提高，主战兵器的更新换代更加迅速；随着导弹、电子战、无人机的不断应用，战略、战术都发生了重大变化。由于科技进步方面的差距，武器技术水平的差距越来越明显，降维打击成为可能，"外科手术式打击"和"斩首行动"成为强国以零伤亡打击对手的重要手段。在传统战争形式之外，信息战、网络战发挥了越来越明显的影响，通过黑客技术对计算机网络进行攻击，能够使被攻击方的军事活动或社会经济活动陷于瘫痪。而经济战在国与国的对抗方面大有取代热战的势头，经济力量不折不扣地成为激烈斗争的一个组成部分。这在历史上是前所未有的，可能是未来一个重要的趋势。

《孙子兵法》在两千多年前就揭示了战争的真谛——"上兵伐谋，其次伐交，其下攻城"，"不战而屈人之兵，善之善者也"。《孙子兵法》的这些精髓思想，很有预见性地精准解释了今天出现的现象。很有意味的是，虽然时代在变化、战争思想在变化，但是军事谋略思想则保持了相当的恒定。因此，今天当我们回顾和品味历史的时候，仍然有大量宝贵的知识经验财富值得我们去学习和挖掘。

无论是古代军国大事的决策，还是当今企业的经营策略，人才选择和战略选择仍然是关键问题。《孙子兵法》云"兵无常势，水无常形"，同样这些关键问题的抉择也是如此。真正具有共性的，可能是一些非常基础的原则，例如在选择人才时，主事者自身的水平、见识乃至心态反而更为关键；例如在做出战略抉择时，对于自身和对手的客观清醒认识才是判断的基础，"知己知彼，百战不殆"。

德川家康说过，"一个人需要记住两条，一是要上进，二是要知道自己的限度"。对于企业来说，不断地增长和扩张有天生的动力。但是，如何判断自己的限度，知道哪些事情是自己擅长的，哪些事情是需要坚持和专注的，哪些事情是要放弃的，哪些事情是不能去做的。这就是真正困难的事情了。很多道理说起来很简单，通俗易懂，但是真正对它们有切实的理解和切身的体会，还得自己撞南墙之后，而且即便如此，也未必真能吃一堑长一智。知易行难，莫过于此。

第四章

其利断金

同利同心，利益分配为企业之舵

一周之后，也就是农历九月十六日，古岳邀请他的两位朋友金崟和田雷小聚。

　　金崟四十岁出头，面容清瘦。他祖上是正黄旗的，不过家道早就衰落了。金崟自幼勤学苦读，才学出众，年纪轻轻就当了教授。金崟在古江所在的大学任教，是古江的指导老师，也就因此与古岳相识。两人一见如故，成了很好的朋友。

　　田雷是金崟的好友，读历史专业博士的时候两人是同一个导师。久而久之，田雷也就与古岳相熟。田雷现在一家证券公司任职，专职炒股。田雷上学很早，还老是跳级，上大学时才15岁，拿到博士文凭时才23岁，说来比金崟还小两岁。田雷浓眉大眼，肥头大耳，性格幽默，喜欢嘻嘻哈哈，属于活在当下的类型。田雷家里有很强的文艺氛围，一家人雅好谈天说地。他的母亲当年是个文艺青年兼戏剧文学爱好者，酷爱曹禺的《雷雨》，因此就拿这两个字给她的两个儿子起名字。田雷的弟弟中戏毕业有几年了，出演了大量的角色，在谐星的道路上越走越远。田雷一直觉得弟弟是全家的骄傲，他自己的博士文凭反倒不值一提。

　　金崟和田雷在拿到博士学位后选择了不同的道路。金崟继续做学问，在大学里当"苦行僧"。田雷耐不住清贫寂寞，跑去做证券了，但是骨子里还算是个知识分子。两人关系极好，但是性格不同，加上文人相轻的习惯，总是互相批评不已。金悫和田雷每月必定要找古岳聚会一两次，海阔天空畅谈一番，而且经常演变成金、田二人的"吐槽"辩论会。田雷自诩这是现代的月旦评，丝毫不管当年的月旦评并不是"吐槽"大会。

这天下午，田雷早早就开车带着金悫来古岳家作客。古岳家的小区就坐落在西山脚下的杏石口一带，也是在香山附近。小区背山朝阳，入口旁有一排排高大树木和一条细长的人工湖与外界区隔。几十栋小楼沿着几条甬道分列排布，青顶白墙，略带中式仿古味道，素静淡雅。远看，一栋栋小楼与小桥、流水、绿树相互映衬，背景是郁郁葱葱的青山，有世外桃源之感。古岳家的房子隐在其深处，并不起眼。

金悫和田雷熟门熟路来到古岳的家门口，古岳早已在门口迎候。三人寒暄几句，来到客厅落座，只见茶几上已经摆了几杯清茶，一盘香蕉，算是招待客人的果品茶水。

古岳跟金悫和田雷说了说上周与父亲和肖炎讨论的话题，金、田二人都挺感兴趣。这里面还另外有个缘故，他们两人的博士导师就是明史研究的专家，他们的论文内容自然也是明史方面的。当年他们同学二人就争论不休，抬杠不止，"积不相能"，直到现在也是如此。

照例，还是田雷先开了口。

"明朝的覆灭对当时的汉族百姓来说是巨大的灾难。古往今来，历代王朝总是'其兴也勃焉，其亡也忽焉'，由乱到治，由治到乱。

多少个王朝最终倒下，成了一个死循环。明王朝只是一个例子而已。王朝覆灭一般有两种情况，一种是从上面乱，最高层之间争权夺利，大打出手，如西晋的'八王之乱'。第二种是从下面乱，由于天灾人祸，内忧外患，百姓揭竿而起。表面看明朝是从下面乱的，但其实在此之前上面已经乱了。所以，明王朝的覆灭归根到底是统治阶层出了问题。"

话题一顿，田雷故作深沉地反问道："那到底是什么导致了明王朝的覆灭呢？"随手剥了一根香蕉放到嘴里。

古岳和金惷知道他要吊人胃口，耐心地看着他嚼了半根香蕉下肚。

"答案很简单，是官僚系统的腐败溃烂、统治机器的彻底失灵！"田雷接着说，"官僚系统是封建王朝的统治机器，如果说王朝是人体的话，官僚系统就是肌肉系统。肌肉系统失灵了，无论是内忧还是外患，人体都无法应付。

"明朝官僚系统的腐败失灵体现在官员的贪污腐败和不作为上面，也体现在势同水火、无休无止的党争内斗方面。

"官僚系统的腐败失灵使得从朝廷到地方、从上到下处处充满不公，普通百姓、工商百业都被疯狂压榨，普通士兵得不到薪饷，而权贵官僚得以骄奢淫逸，使得人心思变，人心思乱，王朝的统治基础被彻底动摇。

"官僚系统的腐败失灵使得朝廷政令不行，崇祯往往政令不出紫禁城。也有很多政令出发点是好的，到了执行的时候就被人为扭曲了，成了各级官僚借机聚敛的工具。如果是对官僚们有利的事情，往往大家打破头去抢。如果是那些对百姓有利但对官僚们没有利益的事情，官僚们就都不去做。所谓党争，根子上是为了争夺彼此的利益。

"所以，崇祯感叹'君非亡国之君，而臣皆亡国之臣'，'文官爱钱不怕死，武将怕死又爱钱'，临死的时候还感叹'诸臣误朕'，其实都是大实话。

"有这么一套腐败的官僚系统，其实崇祯什么事情都干不了。

"官僚系统的腐败失灵导致王朝的统治力不足，各类敌对势力可以隐蔽地增长实力，如白莲教之类的各种教派、地下帮会组织。这些地下组织有时甚至能够依托官僚系统来发展自己。而外部势力如努尔哈赤的崛起，也充分利用了明朝官员的高度腐败。通过拉拢腐蚀明朝官员，努尔哈赤在建州四处征伐，长期扩展势力，甚至称汗，明廷居然一无所知，坐视对手的崛起。统治机器的失灵使得王朝弱不禁风，一旦有风吹草动就极易倾覆。

"所以，官僚系统的腐败失灵既直接导致了明王朝内外交困，变乱丛生，又使得明王朝失去了挣扎的力量。明王朝倾覆的根本原因就是统治机器的失灵。"

说到这儿，田雷又停了下来，继续吃那剩下的半根香蕉。

金悫微皱眉头说道："田雷说得对，但是我认为那只是直接原因，还不是深层次的原因吧。"毕竟是老朋友了，他知道田雷肯定还有埋伏，所以故意捅他一下。

田雷赶紧把香蕉咽下，继续说道："当然，造成统治机器失灵的根源还是权力和利益的高度捆绑，它所导致的利益过度集中和不合理分布最终摧毁了历代王朝的统治基础。在王朝制度下，利益和权力是高度捆绑在一起的。权力被过多地集中，掌握权力的人就成了最大的受惠者。出身好的王公贵族们和出身未必好的官僚们，由于掌握权力，也就掌握了各种利益。承平时期，权贵阶层们利用公器不断为自己聚敛财富。碰到天灾人祸、内忧外患的时候，他们还可以把损失转嫁到普罗大众身上，自己甚至可以借机继续发财。这样一来，财富就越来越多地集中到少数权贵手里，仇富仇贵的心理也同样越来越强烈。一旦有导火索，就会产生一场人们预想不到的大爆炸。即使没有这样的导火索，普通百姓也会逐渐丧失对这种王朝的认同感和忠诚感，因为国家机器成了少数权贵攫取利益的工具。这样一来，王朝的衰落和灭亡只是个时间问题。

"同样的，对权贵阶层来说，他们的主要利益来自他们的权力，而不是来自他们的俸禄和朝廷的赏赐，这样他们就完全没有了勤政和廉政的动力，在私利上无休无止地争权夺利，在公务上无所作为、装聋作哑，统治机器自然就逐步腐朽了。"

金悫沉吟不语，古岳频频点头。田雷见了，多少有点得意，于是继续说道："秦汉晋唐以来的历代王朝中，明朝是个典型的例子。明朝的统治阶层把利益过多地集中于自身，而被统治阶层的利益受到了严重侵害。当问题严重到被统治阶层无法忍受时，就自然而然产生了内乱，内乱严重消耗了自身抵抗力。明朝原比后金强大得多，它不是被后金打垮的，是自己垮掉的。

"明末权贵阶层聚敛财富的程度是令人吃惊的，当时河南四个大家族每年的收入就能够顶得上每年明朝军队九边军饷的十倍！反过来，当时河南是老百姓最贫困的地方之一，民不聊生，大量失去土地的农民四处逃荒，有的甚至加入了土匪队伍。李自成的农民军也是在河南最终发展起来的。

"当时崇祯皇帝为了筹措军饷，想尽了各种办法，还是两手空空。由于军饷被拖欠得太厉害，大量明朝军队甚至要靠抢掠来维持，士兵根本没有战斗力。可是，李自成攻破北京后，短短一个月，就从北京的明朝官僚贵族手里搜罗出来黄金白银共计7000万两，这些钱要是充作军饷的话，整个明朝军队20年都花不完！

"国，马上就要亡了；家，马上就要破了，还要那么多钱干什么呢？"田雷装模作样地叹息道，"大量的金银财宝堆积在北京城的王府官邸里，守城的士兵却几个月都拿不到军饷，眼睁睁看着城破。一个偌大的民族，历史悠久，有着无数财富和充沛的人力资源，却没有充足的军饷和敢战的军人，上亿人口最后被十几万军队征服。这就是王朝的悲剧、制度的悲剧、文化的悲剧！这到底是为什么！？"

田雷当时正在与一位20多岁的女孩子谈恋爱，心态自然年轻，动不动还说几句充满感情的话，估计也是老习惯。古岳和金惢见怪不怪，听他继续发挥下去。

"天文学里有个黑洞理论，说的是任何一个星体都抵挡不了万有引力，会逐渐收缩成为密度极大的黑洞，连光线都无法跑出来，黑洞再继续发展下去最终会产生一次巨大的爆炸。一颗恒星经历这样一个过程需要几十亿年时间。而一个封建王朝的寿命长则几百年，短则几十年，也会经历一个权贵阶层从利益相对公平分布到利益逐步集中、再到利益高度集中甚至过度集中的过程，然后就是大爆炸一样的最后崩溃。封建王朝的这种黑洞现象，在中国几千年的历史里反复上演，从来没有例外过。"田雷接着说道，"明朝灭亡的根本原因也在于此，权贵阶层形成的利益集团垄断了全社会的财富渠道，又把各种沉重负担转嫁给普罗大众。明朝与后金开战消耗了大量金钱财富，于是就产生了辽饷、练饷及数不清的苛捐杂税，统统转嫁到老百姓头上，百姓痛苦不堪。贵族和官员们还在照样发财，一点都没有耽误，否则李自成在北京城里也不会搜刮出那么多金银了。老百姓没有钱，政府也没有钱，钱都在哪里呢？在权贵阶层的口袋里，而且绝对不会掏出来。所以，逼死崇祯的不是李自成，也不是清政权，是谁呢？答案很清楚。"

田雷喝了一大口茶，接着说道："权力和利益的长期高度捆绑，给整个社会带来了很大的副作用。一个问题是政府与民争利，另一个问题就是扭曲了社会的价值观，影响了社会进步。权贵阶层垄断了利益，政府没有那么多钱来支付各种开支，包括庞大官僚贵族系统明面上花销的费用，只好拿百姓开刀了。

"而且，权贵阶层也存在巨大的动力来推动这件事情，对他们来说这是政治上受益、经济上得利的事情。从民间聚敛财富，对官员来说这是政绩；大量的财富以国家的名义被聚敛到国库，在这个聚敛过程中相当一部分又以各种方式进入私囊，有时候进入私囊的财富可能比进入国库的财富还要多。国库的钱多了，不但可以让官僚权贵们公开的花销更加充裕，而且其剩余部分最后还是要花出去的，花出去的时候还要分流给私囊相当一部分。所以，对于民间财富，用得了要收，用不了也要收，因为背后有着极为强大的动力。这个过程始终是围绕着权贵阶层的利益在运作的，社会底层是沾不到光的。有赈灾款，官员们层层克扣，到灾民手里所剩无几；发军饷，军官们层层克扣，不管朝廷有饷无饷，到士兵手里所剩无几，这个仗还怎么打？"

说到后来，田雷还是想到股市上去了，他说："权贵们就像股市里的巨无霸庄家一样，牛市也罢，熊市也罢，不管怎么玩都是他赚钱，而且是所有环节通吃。只要股市不彻底崩溃，他就在不断赚大钱。可是这样下去，这个系统总是要崩盘的。一个赢家固定输家也固定的游戏是没有人愿意陪着玩的，这样下去是要崩盘的，整个游戏规则是要被推倒重来的。"

"确实是这样的。"古岳重重地点头道，"权力、利益的捆绑集中和官僚机器失灵是相辅相成的，是一对孪生兄弟。做生意、垦荒、开矿之类的活动，冒尽风险，含辛茹苦，也无法成为巨万之家。反倒是做官可以轻松致富，'三年清知府，十万雪花银'。那年头如果财产透明的话，估计百富榜上都是那些官员。

"这样一来，居官者的心思都放在了个人致富上，整个社会的目光和关注点都集中在做官上，利益取向也是如此。因为官就是一切，就是金钱、名誉、尊严、权力。没有人去创造发明，没有人去经商，一切的一切就集中在科举上，大家都要去当那时候的高级官员，这就是全社会的堕落。古代中国的诗人、医学家，甚至科学家生平传记里最重要的一项就是为官记录，这也侧面证明了那时候的价值观。即使是李白、杜甫这样的旷世奇才，生前也总是为无官无爵而郁郁不得志，这真是一个莫大的讽刺。中国古代文明后来长期陷入停滞状态，这恐怕也是直接原因之一。"

"这跟今天一流名校的博士在他自己眼里还不如一个三流演员的道理是一样的。"金悫挖苦说，瞟了田雷一眼，田雷傻笑着呲了呲牙。

"崇祯老是说他的大臣是'爱钱不怕死'，原因很简单，他们这些人十年寒窗，又历尽坎坷，无非是为了一朝得志赶紧求财以偿夙愿，真是爱钱爱得顾不上怕死了。所以贪官如过江之鲫，杀一个来一批，一个贪官倒下去，千百个贪官站起来。利益太大太集中了，争夺太激烈了，所以党争不断，势同水火，官员们违法乱纪却视死如归，无非是为了利益。"田雷总结道。

金悫却摇了摇头。

田雷故作诧异道："金兄，有何高见？你莫不是故意要标新立异，故作高深？"

金悫说："刚才你所说的明朝覆灭原因，官僚机器失灵也罢，权力和利益高度捆绑也罢，都是对的。但这些其实也只是结果的一部分而已，并非其深层原因。"

田雷打断金悫的话，"你无非想说根子在于制度，封建专制制度，对不对？其实这也是老生常谈了。"

他们两个之间经常这样抬杠，大家早都习惯了，金悫面不改色地说："这当然跟制度直接相关了！但不完全是制度问题，问题是，中国的历代统治者都是极其聪明的，在统治这么大一个国家方面很有一套，但也有他们非常愚蠢的地方，这就是对几个基本的规则认识不清楚。所以，中国历代王朝都能够统一这么大一个国家并且达到繁荣昌盛的顶峰，但是又毫无例外地最终寿终正寝。"

这时候古岳插了一句："哦，你是说除了制度的问题之外，在统治者的主观认识上也出现了问题？这个说法可比较新颖，愿闻其详。另外，你说说那几个基本规则到底是什么。"

田雷也笑道："那你详细说说，先给个理由。"

金壶说道："统治阶层最应该懂的就是利益分配的规则，这方面有三个基本规则。概括说来，就是利益不完全一致性规则、利益同向性规则和整体与个体的利益实现规则。"

"啰嗦！一上来先搞出三个规则来，你以为这是上几何课哪？"田雷道，"听不懂，请先加强逻辑性。"

"容我慢慢道来。"金壶反倒有几分得意，他知道田雷越这么说越是要竖起耳朵听了。

"简要说来，头一条，利益不完全一致性规则说的是任何一个组织里，其整体、部分整体或者个体之间的利益是存在不完全一致性的。也就是说，整体与个体之间、个体与个体之间、整体与部分整体之间等，在利益取向上肯定存在利益一致的地方，也肯定存在着不完全一致的地方。这种不完全一致性是一直存在的，只是程度不同而已，在特定情况下可能会变得特别明显甚至出现决裂。明王朝在即将覆灭的时候，皇帝、大臣们、各地总兵们以及普通明军士兵们之间的利益不完全一致性就表现得非常明显。而在此之前，他们是一个比较完整的利益集团。

"第二条，利益的同向性规则，简单说，就是在一个游戏里面，即使是对立的双方或者竞争对手，也存在一定的共同利益。大家都要明白，这个游戏要大家一块来玩才能够成为游戏，所以必须遵守一定的游戏规则，而且这些游戏规则要让大家都过得去。游戏的赢家也要顾及输家的感受，不能赢者全赢，输者全输，否则游戏就无法进行下去了，原本的赢家也会变成输家。在一个大组织中，总有一些个体或者个体集团占据了主动权和更多的资源，来统治整个组织，这是一个组织能够生存下去的根本特征之一。但是强势组织必须自制和自律，不能无限制攫取利益，否则可能导致系统崩盘。明朝末年的状况恰恰如此，权贵穷奢极侈，贫民无处容身，当时河南的这种情况最严重。结果呢，李自成在河南重新崛起，而原本河南最有权势的福王则被活活煮成肉粥被人分食，连尸骨都没有存下。早知如此，何必当初呢！？

"第三条，整体与个体的利益实现规则，说的是集体利益的实现，必须通过诸多个体在实现个体自身利益过程中来完成。要完成整体利益，就要重视个体利益，只有这样才能实现整体和个体的利益一致，才能真正实现整体利益。不能靠大量侵犯个体的利益来完成集体利益，这不是长久之计。一个国家如果要让它的国民热爱国家，就要善待它的国民；一个企业要想让员工忠诚，也要善待员工。脱离了后者，前者就是空谈。"

"听起来确实有道理，不过这跟今天的主题到底有什么关系呢？

没有逻辑吧。"田雷又开始抬杠了。

金惫眉毛一扬，有点象解答学生问题一样开口说道："其实明朝的灭亡，跟这三个基本规则都是有密切关联的。明王朝的铸造者，与历朝历代的统治者一样，在这三个问题上都违反了客观规律，是导致明王朝覆灭的最根本原因。

"咱们说说头一条，就是所谓的利益不完全一致性问题。一个新王朝刚刚建立起来的时候，一切看起来都是令人满意的，皇帝深知民间疾苦和皇位得来不易，因而励精图治；大臣们经过长期战争磨合淘汰，因此配合紧密，忠心耿耿；百姓们对战乱结束天下太平而庆幸不已，高呼吾皇万岁。这时候，各个环节的利益是总体一致的、和谐的。但是，利益的不完全一致性在这个时候已经存在了，只是不明显而已。

"但是随着时间的推移，这种不完全一致性就越来越突出了。皇帝因为承平日久，逐渐开始懈怠和骄傲自大，继任者则未曾经过患难，认为眼前的一切特权是理所当然的；大臣们开始习惯于享受生活并且喜欢追逐权势，热衷于为自己的子孙们积累财富，因此开始鱼肉百姓；百姓们虽然创造了更多的财富，但是为了供养这么多达官贵族，自己的负担也越来越沉重，不满之心逐渐萌芽。时间的推移使得这种离心离德越发明显，分歧越来越严重。就像一个企业，做大、做强、做久了，富裕日子长了，不同位置的人想法就不一样了。

"在明朝万历年间，这种利益的错位问题就非常严重了。在《万历十五年》里面谈到，万历皇帝偏爱福王，要立福王为太子，被下面一群大臣反对，进而跟大臣们闹别扭，以至于"从此君王不早朝"，进行了事实上的罢工，其深层次原因就在于利益的不完全一致性。对于万历皇帝来说，朝廷不至于坍塌是他可以容忍的底线，只要他在世的时候皇朝不至于崩溃，他就要由着自己的性子来，爱怎么样就怎么样。至于明王朝的长治久安，对他来说不在首要考虑范围之内。他生来就是皇族，万人敬仰，一言九鼎，他已经习惯了这种地位，不觉得多么珍贵。皇位固然重要，给他带来种种兴奋和刺激的金钱和女人似乎更能够引起他的兴趣。他的利益和皇朝社稷的利益是有共同点，但是也有很多不同的地方。臣民们当然希望他是一个胸怀天下兢兢业业的明君，但他更需要的是自己作为一个人、一个男人所需要享受的东西。

"大臣们当然不希望万历这样胡闹，大臣中一些有远见的人或者内心刚直的人不断冒死进谏，希望能够纠正万历的行为。万历无可奈何，只好采取不合作的态度。但是大臣们也并不是铁板一块，既然皇帝如此，绝大部分大臣也就有样学样，忙着给自己寻求私利。皇帝在追求享乐，大臣们为什么不呢？明王朝的腐败就此一发不可收拾，只是苦了天下百姓。崩溃，就仅仅是一个时间问题了。至于抵御外侮，百姓们可就没有这个觉悟了，因为权贵阶层早已经彻底得罪他们了。"

"你的说法有道理，有新意，"古岳颇为赞许地说，"利益的不完全一致性规则其实是一个很浅显的道理，我们平时都经常能够体会到，你提炼了一下。那你说说第二条规则和第三条规则在明朝覆灭过程中的影响，我们洗耳恭听。"

"老古，你太高看他了。他的那点儿墨水，兄弟我也能倒出来。"

田雷其实领悟力极强，很有些举一反三的能力，于是接着话茬说，"第二条规则，利益的同向性规则，说白了就是一个社会也罢，一个组织或者一个企业也罢，成员们是有共同利益的，凡事都要大家过得去，各得其所，这样才能够保持原有的秩序。其实这样一来，最大的受益者还是成员中的强势群体，因为在这种秩序之下，游戏规则本身就是更倾向于他们，更能保证他们的利益。强势群体如果明智的话，就应该顾及到弱势群体的利益，让通常占大多数的弱势群体的合理利益能够得到保护，乐于遵守原有秩序，其实对强势群体的利益也是根本上的保护。据说国际上的知名赌场里，老虎机的胜负比率是49：51，让客人们能经常体会到赢钱和胜利的滋味，这样客人们不会是每赌必输的，只有长期参与概率才会发生作用。赌场老板这么做，短期利润不高，但是稳定了客源，做的是长期生意。"

"话粗理不粗，确实如此。"金憨接着说道，"中国历代统治者最为荒谬的一点就是总以为自己大权在握，不把老百姓放在眼里。与民争利，贪婪不已，最后导致政权崩溃。万历这样的皇帝就是一个典型，把百姓的利益榨干了，结果把自己的祖宗基业和子孙后代也给埋葬了。而且，每朝每代都说要吸取前朝的教训，但是到最后还是重蹈覆辙。真是天大的悲剧，莫非真的是权力让人丧失理智吗？"

"非也，"略一沉吟，古岳插话道，"哪里是这么简单啊。说来也挺复杂，其实答案就在你的这三个规则里，我活学活用。不打断你的思路，你先接着讲，咱们待会儿说说里面的由头。"

金憨继续说道："至于第三个规则，跟上述内容相关，那就是统治者要正视一个现实，也就是要实现整体的利益，先要考虑如何实现个体的利益，把个体利益和整体利益结合起来。封建统治者们总是强调"食君禄，为君死"，问题是这个俸禄值不值得官员们为君而死呢？显然，官员们从皇帝手里拿到的俸禄是很有限的，估计只能够勉强维持全家人的温饱，要过上体面的生活是不可能的。历代统治者总是强调他们的道德高度，要求官员们大公无私，为了皇帝也为了社稷，他们必须是廉洁奉公的，当然也是甘于接受低薪的。所以，标准的清官基本上是一贫如洗的。历代皇朝的最高统治者们似乎对这种安排心安理得，从来没有认真想过恰恰是这种道德洁癖性质的安排才要了皇朝的命。皇帝以圣贤的标准要求官员们，却不考虑官员们的现实利益，官员们也是要过上富裕体面的生活的，更何况官员之间迎来送往、相互馈赠也是要不少银子的。皇帝富有四海，三宫六院，钱、权、女人，什么都不少，凭什么却不让官员们去尝尝滋味？何况，官员们也同样大权在握。明面上当然不能公开反抗，没有关系，那就暗地里来。其结果当然是众所周知了，当官成了中国古代历史上最有前途的职业，中国的老百姓也就成了最倒霉的老百姓，因为名义上的皇帝一时只有一个，但是实际上他们同时要供养的"皇帝"却是成百上千。这样一来，皇朝的覆灭就成为了必然。皇朝虽然没有顾及官员的利益，官员们好歹还有权力，可以从百姓身上得到补偿，但是百姓们就没有这么幸运了，他们无处去保护自己的利益，能做的只有两件事情——诅咒和反抗。"

"这就有点像一个企业，老板只管自己赚钱，不管经理人的利益，经理人也不管普通员工的利益，大家都采取短期行为和绝对利己的做法，这样的企业迟早要出问题。"古岳补充了一句。

金、田两人都点了点头。古岳意犹未尽，又补充道："说到这里，有两个例子可以给大家作为参考，头一个是关于努尔哈赤的。努尔哈赤在创业的时候，经常大白天就躺在自家的炕上休息，不知道的人还以为他在睡懒觉。其实努尔哈赤是在思考，手下作战得力的那些部下中，哪些人家里贫困？哪些人奴仆太少？哪些人没有老婆？想完了，他就一跃而起，下达命令：赐某某钱财、赐某某奴仆、赐某某妇人，诸如此类。努尔哈赤在起家的时候，在当时的女真各个部落里是非常不起眼的，兵微将寡，实力比他强的对手比比皆是，但最后一统女真各部的反而是他。当然，这里面是有很多原因的，但是努尔哈赤拥有一个忠心耿耿骁勇善战的骨干队伍是最重要的原因之一。他手下的将领们估计是没有把统一女真甚至独霸辽东作为自己的理想的，当时这个理想未免太渺茫了。努尔哈赤则不断地给他们很多现实的利益，从而带领他们逐步实现了自己的目标。在今天看来，努尔哈赤是一个杰出的企业家，通过不断地慷慨赏赐那些最能干的部下，他实现了自己创建一个超级大企业的梦想。光拿愿景去号召人们，是没有办法的办法，还是应该尽量给下属切实的利益才是正事。

"另外一个例子是有关曾国藩的。当年曾国藩历尽千辛万苦创立湘军，深切感受到人才的重要性。然而，他却发现自己搜罗人才越来越困难，不仅如此，很多已经延聘到帐下的幕僚还跳槽跑到好友湖北巡抚胡林翼胡大帅的手下了。曾国藩虽然不是完人，但毕竟是个君子，在惭愧之余还是坦坦荡荡地问幕僚们其中的原因。有个幕僚就给他指出，您保举太少，所以大家觉得机会太少，干脆就另去投奔别人了。所谓保举，就是封疆大吏们向朝廷推荐人才，让被推荐人获得某种官场的级别，有的时候干脆就是把某个人推荐到具体的职位上去。如果推荐者是受到朝廷重视和信任的高官，那成功率就大大增加了。曾国藩不服气，说我是为了国家珍惜名器啊，怎么能拿国家的官位和荣誉去笼络人呢？曾老夫子虽然是湘军大帅，久历戎行，杀人无数，可是骨子里还是个读书人，就是有点认这个死理。幕僚看这个样子，一不做二不休，干脆把话说透了——大家投奔您，就是为了图个功名，要不是为了功名，谁受这个罪啊。如果您保举得太少，大家一看没前途，那就要跑路了，手下的人才都跑了，谁来替您效力，谁跟着您一块来完成报效朝廷廓清海内的宏愿呢？曾国藩是个大学问家，手下的幕僚也确实不含糊，这个幕僚最后总结的一句话堪称名典——'集众人之私以成一人之公'。当然在那个说话环境里，这也是拍马屁的千古名典。这话听在曾国藩耳朵里，虽然有如醍醐灌顶，却格外受用。为什么呢？这位极有见地的幕僚首先肯定的是曾国藩的'一人之公'，说白了，就是曾老夫子要剿灭乱党报效国家的一片赤诚，这无疑是曾国藩的知音啊。但是要完成这个宏图大业，要靠'众人之私'。这里面说的是绝大多数人并不是那么认同曾国藩的理念，顶多是部分认同，至少不会不惜一切代价去追随曾国藩去建立伟业，绝大多数人还是要给自己争取利益的。这句话里，曾国藩是高高在上的，居于一个道德的神坛上，而其他芸芸众生则在下面随波逐流。但是曾国藩要建立功业，就不能不靠这些芸芸众生，就不能不利用这种随波逐流，否则就是光杆司令，什么事情也做不成。曾国藩要利用这一点，就必须从道德的神坛走下来，把满足下属的现实需要作为工作的一个重点。这话实在是说到了点子上，曾国藩算是彻底被说服了，此后他大量保举人才，想方设法给手底下有功劳的将领们和幕僚们谋福利，最终达到了他的目标。”

田雷挖苦道："在那时候的农业社会里，确实存在一些饱学之士，往往名不见经传却学富五车；不像现在的某些学者，发表的文章和言论恨不得比自己读的书都要多。当然，那时候没有电脑，写文章不能用CTRL-C和CTRL-V，思想就算是赶得上当今的某些学者们那般灵活，手下写字也不可能这么快。”

这是田雷的老手法，挖苦某些学者就是为了挤兑金憨，后者听了只好呵呵一笑。没想到田雷居然话锋一转，说："其实，曾国藩也是有私心的。”

"这话怎么说？"金憨问道。

"曾国藩对钱、对女人都没有兴趣，但是他抓权，因为他想要青史留名，要给自己一个很好的历史地位，要得到一种内心的满足感，这就是他的私心啊。他有这样一种常人所不能至的出发点，他也就能以大义为号召，一切为公，最终把事情做成，达到他的目标。他的确很高明，他的这些东西，你知道了也说不出什么，知道了也做不到。这也是一个原则———切为公，也就能济私。这不是假公济私，实在是真公济私啊。”

金惫不由得点点头，他知道田雷的大肚子里其实是有点真货色的，不仅仅是过多的脂肪。

古岳笑了，沿着自己的话题继续说道："再补充一下，上述两个例子，说起来一个算是明末，一个是清末，这两个人的成就到底有多大呢？咱们论论。

"努尔哈赤是清朝的奠基人，他的后人不但进军中原，在清朝全盛时期，疆域十分辽阔，比起明朝晚期要大得多，更不要说跟宋朝比了。这些领土对我们今天的人来说毫无疑问是无价之宝啊。这些功业，始作俑者，努尔哈赤也。

"在曾国藩保护和提拔的人才里，左宗棠值得一提。此公后来平定了新疆的叛乱，消灭了沙俄在背后支持的新疆分裂势力，为中华民族保住了一块战略要地和资源重地。以当时的情况看，清政府软弱无能，从某个角度说无左宗棠，则无新疆。但是之前，如果没有曾国藩，绝对不会有左宗棠的崛起，而且清朝的正规军当时已经不堪一用了，左宗棠在新疆使用的部队还是曾国藩的湘军旧部。如果我们认为这也是曾国藩的功绩之一，不是妄言吧。"

金惫道："与我心有戚戚焉！"

古岳问道："有一个问题，在利益的不完全一致性规则里，在什么情况下，这种利益的不完全一致性会被放大，以至于成为不可弥合的裂痕呢？"

"有三种情况往往导致这种问题的发生。"金惫说道，"第一种情况就是制度设计不合理，第二种情况是价值观出现很大变化，第三种情况就是外部势力的影响，但是根子上的因素还是制度设计不合理。

　　"还是举明朝这个例子。首先，王朝的制度设计上存在很大的缺陷，皇帝及其近臣拥有极大权力，而且基本上没有实质性的监督和考核评判，更不存在被撤换的可能性，因此皇帝本人的表现直接关系到王朝兴衰。社稷重担和天下安危寄于一人身上，但是在制度设计里对此却没有任何防范措施——万一此人不堪重任该当如何。对皇帝如此，对大臣们也差不多，名义上有很多御史大夫在监督，实际上要么官官相护，要么党同伐异，监督者成了官僚斗争的武器，自然也就失去了作用，连皇帝都无可奈何。皇帝和官僚们的利益有不完全一致的地方，问题在于这种利益的不一致随着时间的推移越来越厉害，而且没有一种有效的手段来监督和纠正。皇帝和他的大臣们的利益尚且存在越来越大的分歧，朝廷和百姓的利益分歧就更加明显了。这就跟比萨斜塔有些类似，开始只是有一点点倾斜，肉眼可能都看不出来，可是这种倾斜逐渐就越来越明显了，如果没有技术手段来纠偏，在一段时间后斜塔就不再是斜塔了，因为它倒塌了。封建王朝就是这样的一个比萨斜塔，利益的不完全一致性注定它必然有一定的倾斜度，但是制度设计的缺陷则注定它会逐渐倾斜乃至倒塌，因为制度中没有纠偏的手段。这就解释了王朝的覆灭为什么是必然的，而且为什么这种覆灭在时间方面表现得很有规律。一般来说，封建王朝的兴衰周期大致在200—300年间，这是封建王朝这座斜塔从倾斜到倒塌的正常周期。不仅是明朝和清朝，大部分王朝由兴及衰的周期也大致如此。"

　　"这一点没有什么新意，老生常谈了。往下说。"田雷不甘寂寞地插话道。

"价值观的影响是仅次于制度因素外的一大因素。还是举明朝的例子，随着政权的稳固，明王朝从上到下耽于享乐，风气不正，败象已现。从上到下大家都失去了共同的目标，皇帝不顾国家和百姓，士大夫们也没有什么安邦治国的理想，唯一的共同点就是拼命享乐和拼命敛财，这时候利益的不一致性就很突出了。一般说来，历代王朝中得天下容易者，失天下也就更快，例如西晋、隋朝，甚至北宋，原因就是这几个统治集团未经长期艰苦奋斗就取得政权，统治集团内部容易产生享乐思想，利益的不一致性也就暴露得比较早。无一例外的是，封建王朝崩溃灭亡的时候，其统治集团的生活风气和价值观都是比较畸形和腐烂的。由此可见，制度因素和价值观因素的影响都是相当巨大的。"

田雷郑重地点点头，说："原来还是老生常谈。过。"

金惫不理他，继续说道："第三种情况是外部敌对势力和内部反抗势力的崛起，对利益的不完全一致性的影响应该说是次于前两种情况的，但是如果在前两种情况都存在的形势下，第三种情况的影响也是非常直接和明显的。例如，李自成部进攻北京的时候，明朝的各级文臣武将看到明王朝大势已去，纷纷请降，积极为李自成带路开道，坚固的北京城一日即破。崇祯皇帝的重臣大将们竟然迅速投奔对手，不再念及过去的皇恩浩荡，这就是外部因素作用下产生的利益不一致性的典型例子。当然，等清军杀过来的时候，这些旧明官员又迅速背叛李自成，投奔新主子。"

话题一转，金悫问古岳："对了，刚才我讲到权力让人丧失理智的时候，你老兄有点自己的看法，说来听听？"

　　"呵呵，其实没什么。"古岳笑道，"权力确实会让人膨胀，让人丧失理智。不过，历代统治者控制不住自己的贪欲，无休止地与民争利，其深层原因倒不是这个。当然，我们都承认，制度设计是存在问题的，所以他们的权力不受监督和遏制。但是，难道他们不懂这样无休止地竭泽而渔、杀鸡取卵的后果吗？实际上，他们是非常清楚的。但是，问题在于，他们控制不住局面了。其深层原因恰恰就是你讲的关于利益的第一条规则——整体和个体利益的不完全一致性。

　　"虽然统治阶层中很多头脑清醒的人士清楚地意识到统治者也就是权贵阶层应当控制自己的贪欲，对被统治者的榨取应当适度，才能够保持长期的社会平衡。但是问题在于，对于很多更加贪婪的权贵们和很多新兴的权贵们来说，他们显然还没有捞够，因此是不会罢手的。即使这些人个人已经意识到问题的严重性，但是现实中他们不会放过任何捞取不当利益的机会。因为他们也知道，他们作为个体来说无论是捞还是不捞，整体情况是不会变化的，这是个制度问题。既然如此，他们还是照捞不误算了，因此事情也就一发不可收拾。

　　"这其实跟人体内癌细胞生长的情况是类似的，癌细胞一旦扩散到全身，人体不久就死亡了，实际上癌细胞也就因此开始死亡了，因为载体死亡了。所以，癌细胞的过度繁殖对癌细胞自身来说其实是自杀行为，但是这不会阻止癌细胞个体的大量繁殖。

　　"所以历代统治阶层的问题也是如此，作为个体，他们其实很清醒很明白；但是作为整体来说，由于制度问题的存在，事情则处于失控状态。权力让人丧失理智的现象只是表象而已。"

"那说了半天，咱们几个说的不是一样吗？还能互相解释，没什么分歧啊。"田雷插话道。

"区别还是有的，"金惢解释道，"问题的根子是制度问题，这点我还是同意的。但是，除此之外，对利益的合理分配也要充分重视，制度的合理设计要和一系列利益分配原则结合起来。即使制度设计很合理，如果利益分配不合理，那也会出问题，因为制度还是要人来执行的。同样的制度，在不同的地方和不同的人群中被采用，效果是完全不同的。"

沉吟一下，抿了口茶水，金惢接着说："在利益的合理分配问题上，刚才说的三个规则是很有效的。它们说明了一些问题，也就是说在利益的分配问题上，个体和整体的利益捆绑得越紧越好，利益一致性越高越好，反之亦然。

"比如说很多企业得了所谓的大企业病，企业成了官僚机关，其中的原因就是个人或者分支部门的利益与整个企业的利益脱钩，缺乏利益的一致性。在超大企业里，往往分支部门或者个人的工作业绩与他们的收益没有什么太直接的关系。船太大了，导致船员们既感觉不到业绩糟糕时的危险，也感觉不到成功时的喜悦。这样就逐渐产生了一批混日子的人，官僚主义就此滋生蔓延起来。解决这个问题，光靠企业文化是不行的，还是要把分支部门和个人的业绩与企业的业绩挂起钩来，而且要把分支部门和个人的利益与他们本身的表现也挂起钩来，说到底是一个组织细分化的过程。

"明王朝的覆灭，根本原因之一是内部利益分配不均，这是一个深层次问题。对任何组织来说，利益分配都是一个非常重要的、对其生存发展起决定性作用的关键因素。"

古岳点点头，说道："利益其实也不仅仅是经济利益，还包括其他各种利益，甚至包括死者的利益和后代的利益。

"像万历皇帝那样只顾自己一时利益的做法，确实是有点断子孙粮的味道。他的所作所为，说到底就是'我死后，哪管它洪水滔天'。既不敬祖，也不管后人，我们称之为'万历现象'。在中国古代统治者的所作所为里，这种万历现象是非常普遍存在的。万历如此，慈禧也如此。她反对变法，不是因为她思想多么守旧，她杀起人来思想可一点都不守旧；她看得很清楚，变法对国家对子孙是有利，但是对她没有任何利益，搞不好还要损失很大利益，连权力都会丧失掉。既然如此，那就别变法了。国民党时期的四大家族也是如此，他们中的很多人都受过长期的西方教育，对当时中国的很多问题是看得很清楚的，但是一旦权力在手，他们首先照顾的是自己家族的现实经济及政治利益，至于国家民族和子孙后代，还是要往后靠的。"

田雷叹息道："其实说起这个问题，我总是觉得特别郁闷。读中国历史，往往觉得特别沉重。中国历史上的明君没有几个，盛世没有多少年，暴君、昏君倒是不少，还经常出现成功或者不成功的篡位者和野心家。大量的时代里都是一派民不聊生、哀鸿遍野的景象。中国曾经是世界文明的中心，曾经是遥遥领先者，但是后来就停滞不前。我记得小时候读过一本历史方面的小人书，里面说中国人民在古代历史上遭受的苦难是举世罕见的。当时我还不明白，后来长大了学了历史，才知道所言非虚。这到底是为什么呢？"

从田雷嘴里说出点忧国忧民的话来实属罕见，金惢听了却默然无语，既没有挖苦也没有响应。

古岳沉默一会儿，很有点严肃地开口说道："要了解中国历史，就必须认清中国古代王朝制度的本质。我们今天所说的'国家'的概念，在我们的古人头脑中是比较淡漠的。古人的'国家'其实指的是皇帝的家，换句话说，在汉朝就是刘家，在唐朝就是李家，在宋朝就是赵家，在明朝就是朱家，他们就代表着一国，所以称之为'国家'，说到底还是家。'普天之下，莫非王土；率土之滨，莫非王臣'，整个天下都是他皇帝家的，大家都要忠于他们家。

"围绕着皇族，还有各个外戚家族，再有就是高官勋旧的家族，相互联姻盘根错节，构成了核心统治集团和利益集团。在统治核心的家族群体以外，还存在着大批略低一层的官僚权贵家族群体和地方上的豪强家族群体。尽管地方豪强家族在官僚体系中的地位似乎不算高，但是在地方上却是不折不扣的土皇帝。他们通常渗透到当地行政、司法、军队、商业等领域，牵一发而动全身，实力极其强大。即使是朝廷派来的外地官员，如果不与地方豪强家族处理好关系也很难立足，一旦矛盾激化甚至有生命之虞，地方豪强则往往依靠盘根错节的当地势力而毫发无损，真是天高皇帝远啊。

"所以，中国历代的皇朝统治实质上就是家族统治，而且这一统治结构还得到了当时儒家思想的支持和推动。儒家思想的代表性口号之一就是'君君臣臣父父子子'，除了明确君臣父子之义外，还把君臣关系和父子关系加以密切关联，所以大臣和士子们干脆称皇帝为'君父'。

"从秦汉开始，这种政治制度体系和思想体系就被大大强化了。在秦汉之前，虽然周王也被称为天子，但是并没有被神化。但是从秦始皇开始，自我神化的步伐就明显加快了。秦始皇就与以前的国王们很不相同，他把自己看作是半人半神的，不但在人世间是至尊无上的，而且是凌驾于天地之上的，唯我独尊。换句话说，在秦始皇的思想里，并不存在神灵，他就是世界的主宰者，要求臣民们对他顶礼膜拜。虽然秦始皇构建的秦帝国很短命，二世而亡，但是秦制后来流传了两千年，'百代皆行秦制'，秦始皇那一套也被后世的帝王们有样学样，尽管表面上没有那么嚣张，但还是强调自己是'奉天承运'的。从汉武帝开始，儒家思想成为皇家推崇的思想，为皇权统治完善了一套君臣父子的思想体系，就此流传下来。后世的王朝基本上是全盘照搬，一字不易。

"所以，很明显，中国古代的王朝统治有两个鲜明的特点，就是宗教化和家族化。古代中国地域辽阔，人口众多，采用这样的统治方法还是比较有效的，不能全盘否定。

"但是，有些宗教型组织有一个无法克服的缺陷，那就是在金字塔形的结构里，处于底层的大部分成员比较虔诚、思想比较纯净、信仰比较坚定，但是越接近高层的成员情况恰恰相反。道理很简单，离得越远就越抽象，很多理念就容易被接受；离得越近，就越容易发现情况并不是那么回事。普通百姓可能坚定地认为皇帝是真龙天子，每天给皇帝倒夜壶的太监可能不会信这一套。皇朝制度下情况就是如此，由于权贵们离皇帝们很近，能够知道皇帝的生活细节，揣摩皇帝的心理，知道皇帝就是普通人，所以他们不会崇拜皇权，也谈不上忠诚了，但是他们还是会忠于自己的家庭和家族。因此，获得现实的利益，进而封妻荫子并且光宗耀祖成为他们真正的目标和动力。如果条件合适，也不排除抓住化家为国的机会。既然那么多皇帝都出身于草莽无赖，这证明皇帝宝座确实是可以轮流坐的。当然，这是绝对不能说出口的。因此，皇朝的宗教化只是表面，用来蒙骗百姓的，皇朝的家族化才是实质。朝代更替，本质上也不过是一批家族下台了，甚至被剿灭了，取代的是另外一批家族。"

听到这里，田雷很有同感，作感悟状朗声说道："有理有理！我们今天的人看历史，觉得很奇怪，有些历史人物做事情为什么不为国家考虑，不为老百姓考虑？实际上，这些人本来就没有这个意识，他要考虑的主要是他自己家族的利益。那年头没有国家的概念，不存在"国有企业"，都是"家族企业"。要是皇帝家里的事情没有摆平，就乱了。比如八王之乱，是因为他司马家自己的事情没有搞定。至于天下百姓，对不起，那不是我皇帝家真正要管的，只要你不造反，那就一切好办。所以历代王朝到了晚期，玩的都是一种平衡游戏，只要你不造反，我就可以乱搞。再后来是，只要你造反不能成功，我就继续这么乱搞。当然，往往到后来，造反最终还是成功了。要是造反再不成功，老百姓估计都被压榨得死光了。然后是一批新的家族当权，这种游戏又接着开始了。

"家国家国，先家后国，一些古代的政治人物就是这副德性，有点深入骨髓的味道。辛亥革命后，本来已经实现共和，袁世凯还忍不住要化家为国，当一回窃国大盗。这就是离我们很近的例子。那年头的人啊，真没办法。"

金悫也频频点头道："所以古词里说'兴，百姓苦；亡，百姓苦'，祸患的根源就是这种政治结构。化家为国，先家后国，都会让家族利益影响国家利益，会导致利益的不完全一致性过度放大，成为矛盾冲突的根源，最后导致混乱和腐败，一发不可收拾。

"有位当代学者认为古代中国应该采用虚君实相的制度，认为这个制度相对比较好。其实这在古代中国也是不现实的，皇权也罢，行政权也罢，本质上就是本家族的私有物，怎么可能放心交给别人呢？把权力从一个家族交给另一个家族，意义有多大呢？而且，王莽、司马懿、赵匡胤，一个个鲜活的例子放在那里呢。

"所以，当家族利益和国家利益发生矛盾的时候，老奸巨滑的权贵官僚们往往表现出其深藏不露的本质，而且兼具极端精明和极端愚蠢的两大特征，实际上，这两者仅仅一步之遥。

"崇祯皇帝在明亡前夕的筹饷确实是极为凄惨的，崇祯当时实在是没有钱，甚至连京城的士兵军饷都发不出来。皇帝只得厚着脸皮，低三下四地向大臣们、勋戚们甚至太监们求捐。结果大臣们个个装穷，多的只捐几百两，少的干脆不捐，声称自己太清廉，没钱可捐。只有几个大太监反而慷慨一些，各自捐了五万两银子，但也是杯水车薪。甚至连崇祯的岳父周奎都死活不肯捐款，气得去劝谕的太监拂袖而起，'老皇亲如此鄙吝，大事去矣！广蓄多产何益'。太监的意思很明白，如果亡国了，别人家可能还有出路，你国丈家难道还有别的路子吗？被逼无奈，周奎捐了一万两，其他皇亲国戚勋旧也有样学样，捐款上限不过一万两银子，思想觉悟还不如一名太监。崇祯的筹饷雷声大雨点小，没起什么作用。等到后来李自成进占北京，严刑拷掠并且抄家之下，才发现这些人家底都很厚实，光从周奎家就抄出银子50多万两，还有不少值钱的家当，其他皇亲国戚以及大臣的情况也差不多。结果在一个月的时间里，李自成的大顺军居然在这些人家里抄出了7000万两白银，这还不算大顺军官兵私吞的部分。确实都够有钱的。

"城破之际，崇祯想召集大臣们议事，结果一个都不来，跟着崇祯的不过是几个太监，无比悲惨。等到李自成进了城，这些人纷纷前来参拜，即使被大顺军守门士兵侮辱也无所谓，而且到的还很齐。李自成并不买账，对这些人大加拷掠，整死了不少人。等到了清军进京的时候，幸存的官僚们还是卑躬屈膝地去投靠新主子。

"所以，到了关键时刻，就能够看出这种利益分歧是多么明显。权贵、大臣们并没有忠于自己的君主和国家，而是忠于自己的家族，他们本能地拒绝为君主和国家牺牲自己的利益。可以想象，他们得势的时候是怎样使用手中权力的。大明王朝怎么可能不垮呢？"

听到这里，田雷突然怪模怪样地笑了一下，古岳看在眼里，也不好问他。其实这里还有个掌故。当初金惹和田雷的导师要写一本书来论述明末农民起义的历史意义，其实这也是学校分配下来的任务。作为学生，金、田二人责无旁贷要帮老师做一些分支课题的研究和资料查找。田雷当时就显示出了好货好色的本性，整天研究李自成手下的几个大将，如刘宗敏和李过搜刮了多少金银，强占了多少女人，还列出了详细数据。刘宗敏当年不但强占了吴三桂的爱妾陈圆圆，甚至把崇祯那位被砍断了一臂的女儿也接到了府上。田雷一边咽着口水一边大骂刘宗敏不是东西，却被导师知道了。导师严厉地批评了田雷学风不正，这样下去怎么能出成果呢？

金悫与田雷不同，他正儿八经地研究了崇祯的私库问题，很有点专家学者的样子。所谓私库问题，其实后世一直有说法，就是崇祯的私库里存有数千万两金银，一直到国破家亡都没有动用，结果被李自成都得到了。李自成从北京撤出时比较匆忙，没有全部带走，又给清军留下了一部分。有的著名历史学家沿用了这个说法，包括郭沫若的《甲申三百年祭》里也是如此。金悫极为认真地查找了大量史料，从各个角度来论证这个说法的真伪，甚至把明朝历年的财税收入和皇帝的私房钱收入以及开销都进行了详细的计算和比对。最后的结论是崇祯临死前不论公库还是私库都是空空如也，经济上已经接近破产了，上面那种说法根本是站不住脚的。所谓崇祯私库里有大量金银的说法，很可能是李自成的大顺军造出来的，目的是掩盖其在京城中所得的大量金银的来源。金悫工作倒是很认真，结果被导师更加严厉地斥责了一番，下场比田雷更糟糕。

等导师的书出来的时候，金悫和田雷提供的内容基本上没有被采用。从此之后，田雷就下定决心准备改行了。金悫骨子里很清高，对田雷的选择一直不以为然，于是在学术研究上一直坚持至今。

金悫当然知道田雷为什么怪笑，也没有理会，继续说道："当年我们的导师私下里闲谈的时候说过，中国历史上的农民起义，不管是失败了还是最后成功了，其目的只是改朝换代，基本上是你方唱罢我登场的意思，换上不同的皇帝，都没有涉及到政治制度问题。不管是最后成功的刘邦、朱元璋，还是半途而废的黄巢、李自成、张献忠、洪秀全，再有就是兴盛一时最终失败的西汉末年的绿林军、赤眉军，东汉末的黄巾军等，都是如此。二十四史，无非是一套家族兴衰史而已。在没有得到天下的时候，他们都会有一套取悦人民、争取民心的口号，其中最多的就是'均贫富'，几乎历朝历代的农民军都会提出类似的口号。但是真正掌权后谁也没有做到这一点，也不可能做到。"

"刚才所说，崇祯筹饷时，明明知道这些贵族高官们家财万贯，而国库里空空如也，他就不可能像李自成那样去拷掠，没办法，那是他的家人和统治基础啊。这里面的关系盘根错节，牵一发动全身，他不是想不到，是做不到。换了李自成，情况也大同小异。进了北京城，李自成还不算太腐败，头脑也还算清楚，就像大肆拷掠的做法还是李自成叫停的。当时他下令把所有在押官员无论是否交够了钱都统统释放，所以大规模拷掠真正持续也就半个月多一点。但是李自成也管不了刘宗敏和李过这帮弟兄，刘宗敏这帮人干得非常过火，拷掠对象远不止高官贵族，连下级官员、一般商户都成了掠夺的目标，至于普通老百姓家就成了下层士兵掠夺女人和日用物资的对象。等到了山海关大战失败后，李自成大顺军在从京城撤退之前公开大肆劫掠，老百姓干脆就封闭胡同和院门武装自卫了。

"刘宗敏这些人没有什么远大理想，奋斗了这么多年，总算进了京城。你李自成当皇帝没问题，我们拥护你，但我们这些弟兄提着脑袋干了这么多年，享享福、搞点金银总没有问题吧。民间传说记载，李自成劝刘宗敏不要把拷掠搞得太过火，刘宗敏就是这样回答他的，李自成默然无语。李自成后来只是看到后果实在太严重，才下令停止拷掠。但是从根子上来说，他还是管不住这些铁杆弟兄们的，不论是从感情上还是统治力度上都是如此，即使管得了一时也管不了长远。更何况，他李自成也是要享乐的，进了皇宫，他给自己和刘宗敏、李过各分配了30个宫女。底下的各级将领也是有样学样，向"领导"看齐。

"所以'均贫富'也罢，'等贵贱'也罢，都是斗别人的时候管用，轮到自己头上都下不了手，这里面有很多实际因素。当然，虽然人们常说'进了城的贼匪就是王侯，退出城的王侯就是贼匪'，但是这里面还是有些区别的。朱元璋之所以能够成为朱元璋，李自成为什么只能是李自成，在很多具体策略上还是有高下之分的。

"吴三桂真的是冲冠一怒为红颜吗？其实这也只是词人瞎写。对关宁大军的主帅吴三桂来说，陈圆圆不过就是一个小妾而已，根本不值得他这么做。真正的原因，还是通过刘宗敏霸占陈圆圆这件事情，吴三桂看出李自成这伙人不可能成气候。此时投奔清军，就成为吴三桂的唯一选择。

"但是，即使李自成很高明，策略都很正确，变成了朱元璋，也不过是第二个朱元璋，朱家王朝发生的事情，在李家王朝也同样会发生。"

说到这里，田雷忽发奇想，说："咱们来个历史假设，假如崇祯逃过了北京破城这一劫，跑到了南京，能够重整山河，他该怎么做呢？"

田雷的思想跨越度太大了，古岳和金悫一时没有反应过来，都没说话。田雷有点讪讪地说："看来这个问题还是得请肖炎谈了。"

金悫醒过味来，接着话茬儿说道："如果崇祯能够逃过这一劫，跑到江南，他首先要解决的就是军事问题，要评论军事战略，当仁不让的当然是肖炎了。但是要我来说的话，如果崇祯再有机会重整山河，他要做的很重要的一件事情就是约束管教下层官员，让他们不能再鱼肉百姓，要争取百姓的支持。下层官员与百姓们接触最多，他们的腐败对百姓的影响也最直接、最明显、最容易引起公愤，最容易让百姓丧失对朝廷的忠诚和信任。中国古代的权贵们还是比较有意思的，不光自己贪腐，通常还放纵下层官员贪腐，很有点'我吃肉让他们啃点骨头'的意思，但他们不知道这是万万不可的。虽然俗话常说上梁不正下梁歪，但是实际上上梁不正，百姓感觉并不明显；下梁不正，对百姓可是雪上加霜。基层腐败了，统治基础就垮了，迟早是要出问题的。

"当然，解决下层问题，只能算是应急。问题的关键还是在上层，根子还是在上层。换句话说，掌权者对历史要承担主要责任。问题在于，这帮权贵们本身并不愿意承担这种责任。大权在握时，他们只图眼前痛快，作威作福，根本不去考虑其他人的利益，也不考虑整体的和谐共生。按理说保护整体的利益首先就是保护他们的利益，但是权贵们根本不予理会。不光是明朝末年的这些官僚们，就像西晋末年的王衍也是如此，直到败亡的时候才恍然大悟，只是为时已晚。唐太宗李世民曾经说过，隋末炀帝时朝廷高官们看到朝纲日紊，知道天下将乱，却都装聋作哑只图自保，以为祸不及己，结果等到天下大乱的时候，这些人先后罹难，几乎没有幸免的。"

古岳一直在静静地听着，这时候插话道："历史上的问题，很多时候应该从两方面来看。人们一方面认识到官员的重要性，一方面却又不肯承认他们的正当利益。《孙子兵法》里说过，'凡兴师十万，出征千里，百姓之费，公家之奉，日费千金；内外骚动，怠于道路，不得操事者，七十万家。相守数年，以争一日之胜，而爱爵禄百金，不知敌之情者，不仁之至也，非人之将也，非主之佐也，非胜之主也'。同样的道理，既然把这么重要的权力交给了官员们，却舍不得多发一些俸禄给他们，这同样是不仁之至啊。古时候的大商号和大钱庄都懂得用高薪和股份来吸引人才，让这些人才心无旁骛地为老板效力。那些官员们所掌握的权力、资源和所管理的资产是那些商号钱庄们所无法相比的，而他们的合法所得仅仅能够让自己和家人温饱果腹而已，这难道合理吗？而且相应的监督根本就没有，或者仅仅是摆个门面而已，要不出问题是不太可能的。"

古岳引用《孙子兵法》时可谓倒背如流，换个听众可能会有点大吃一惊的感觉，不过金惢和田雷本身都有过目不忘的本事，所以虽然有点意外，也没有太在意。

金憙点点头继续说道："确实如此，我们的古人在这个问题上其实是非常矛盾的。一方面，现实情况是非常恶劣的，几乎无官不贪，官员们到处骄奢淫逸，人们普遍感到无奈甚至麻木；另一方面，制定规则的时候却采用了一种不切实际的高标准，让官员们都要有纯洁无私的公仆精神，拿着微薄俸禄的同时却要承担巨大的责任。官员们手握重权、收入微薄的同时还缺乏监督，大面积的腐败必然发生，其实这是一种制度性的腐败。"

田雷接了一句："看来还是得靠制度，归根到底，还是制度的设计有问题。"

史料解读十五

王衍传

王衍，字夷甫，西晋名士，长期身居高位，声名卓著，是当时统治阶层的代表人物。

王衍出身于名门望族，自幼即为时人所重，史书称其"神情明秀，风姿详雅"，形象风度俱佳，是那个时代的明星人物。不仅如此，王衍还很有才华，口才过人，善谈玄学，常自比子贡，时人为之倾倒。后世成语"信口雌黄"的典故就出自于王衍。连晋武帝都闻其大名，于是问另外一位名士王戎："当今世上谁可以与夷甫（王衍的字）相比？"王戎回答："当世没有人能够跟他相比，只能从古人中找。"时人对王衍的评价大抵如此。顺便说一下，王戎是名声赫赫的竹林七贤之一，还是王衍的从兄。在晋代，琅琊王氏一家人才济济，除了王戎、王衍之外，西晋、东晋历史上有名的人物，如王导、王敦、王澄以及书法大家王羲之、王献之等，都是他们一家子的人。

王衍家世显赫，声望既高，因此官运亨通，历任显要，位列三公，后来高居宰相之职，被公认为是士林之首。魏晋时期的士人们本来就崇尚虚浮放诞，讲究名士风度，王衍尤好于此。在他的带动下，"矜高浮诞，遂成风俗焉"。

但是，眩目的光环之下王衍也有人们所不注意的另外一面。王衍长于谈玄，却短于务实，口中从不言利，手里也很少办理实事，只保持一派名士风度而已。他的夫人郭氏，生性贪鄙，收受贿赂，经常干预人事，王衍竟不能禁。这样的一个人，长期占据高位，不可能不耽误政事。时值西晋末年，晋武帝死后，皇室内部发生纷争，爆发了长达16年之久的八王之乱。世道将乱，社稷危如累卵，名士王衍身居宰相之位，依旧整日玄谈，不以国事为重，专谋自保。"内举不避亲"，他设法安排弟弟王澄为荆州刺史，族弟王敦为青州刺史，并对王澄、王敦说："荆州有江、汉之固，青州有负海之险，卿二人在外，而吾留此，足以为三窟矣。"当时知道内情的人都很鄙视他。

不久，西晋政权被北方少数民族武装所颠覆，晋军主力被石勒的军队包围消灭，王衍也成了俘虏。王衍很有名望，石勒对他也很客气，还向王衍询问晋朝的旧事。王衍向石勒陈述了西晋败亡的原因，并说朝廷大计不由自己掌握，所以也无能为力。看到石勒很欣赏他，名士王衍做了一件很不符合自己身份的事情——为了拍石勒的马屁，他竟然劝说石勒自称皇帝。石勒当然是个厉害角色，一下子就明白了王衍的为人，大怒斥责道："君名盖四海，身居重任，少壮登朝，至于白首，何得言不豫世事邪！破坏天下，正是君罪！"让左右手下把他押了出去，不久就下令全部处死王衍等被俘的西晋达官贵人。作为对王衍的特殊"优待"，石勒下令不许对王衍加以兵刃，以全其尸。结果石勒的手下就在夜里推倒囚室的墙壁，把王衍活活压死。

名士王衍是中国古代高级官吏不作为的典型代表。尽管他在当时的世道中名利兼得，位高权重，但是他并不关心天下大计、社稷安危，他关心的是在自己享受之余，如何把退路留好，把家族成员安排好。如果那时候能够出国，估计他就不光把兄弟们安排到青州和荆州，干脆再把子女安排到罗马和雅典算了。王衍身居高位，对皇室太了解，反而不吃忠君那一套。他劝石勒称帝，固然是为了拍马屁，但是也反映出他内心对皇朝根本没有什么忠诚度，毕竟当时晋朝皇室余脉还存在，晋朝还没有彻底灭亡。反倒是出身贫苦的石勒看不惯了，石勒一生还是有些传统道德观念的，也很尊重那些忠君的臣子。石勒造反，就是因为自己被压迫得根本活不下去了。所以，他斥责王衍的话完全是发自内心的，也是一针见血的——你王衍位置那么高，当权那么久，天下混乱破败，你能没有责任吗？

王衍肯定是个高智商的人，否则也当不了闻名天下的清谈大家。但是他的聪明肯定没有放在正地方，不止是承平时期他不好好处理政务，危急时刻他要小聪明去拍石勒的马屁，结果反而把自己的命给拍丢了。石勒当时虽然实力强劲，但毕竟还羽翼未丰，而且有刘曜、王弥等军阀制约着他，这时候他如果自不量力地称帝，那纯粹是找死。王衍脑子不明白，去劝石勒称帝，石勒脑子却明白得很——你这不是害我吗？杀了王衍，也是石勒在政治上表明一个态度。

王衍早先"深谋远虑"的布局后来也没有奏效，他安排两个弟弟王澄和王敦分驻荆州和青州，以为这样就能够狡兔三窟。结果事与愿违，天下大乱，叛乱蜂起，王澄和王敦也先后败亡。王衍并不关心天下，因为那是司马家的事情，不是他王家的事情，他只要把自己家安排好就行了。结果司马氏家族固然损失惨重，王氏家族也是家破人亡，王衍本人则身败名裂。王衍显然并没有真正懂得一个道理，那就是"覆巢之下，安有完卵"。天下者，天下人之天下也。既然活在同一片天空下，同一块土地上，那么大家的利益肯定是有共性的。当权者如果能够以天下为重，其实最终保护的也是他们自己的利益。可悲的是，手握重权的王衍们却对家族以外的事情漠不关心，面对重重危机装聋作哑无所作为，最终导致天下大乱。更可悲的是，类似的一幕在古代历史上不断重演，历朝历代都是如此。

在西晋，历史就是王衍这些人"创造"的。只不过王衍这些人没有把手中的权力用在正地方，所以创造出的是一个一塌糊涂的历史。西晋末年其实是中国历史上不为人所注意的一个转折点，从此少数民族政权开始频繁入主中原，孔夫子所担心的"吾其左衽乎"终于来临了。如果王衍这些人能够好好做事，石勒们也就会踏踏实实做人，不会去造反了。一个枭雄豪杰辈出的时代对老百姓来说，也往往是一个极为不幸的时代。

王衍的另外一个身份是当时的哲学家、思想家（尽管后世对此有所争议），名动天下，毫无疑问是当时的大知识分子。儒家讲究"修身齐家治国平天下"，历朝历代的高级官员们都是儒生出身，按说大权在握的时候就应该好好地"治国平天下"了。问题是，中国古代历史的一个潜规则就是家族或者家族群体利益至上，这个潜规则其实是凌驾于其他明面规则之上的。现实情况是，不管什么人一旦大权在握，往往真正关心的是家族利益、光宗耀祖。拿着"治国平天下"的权力，忙的都是自留地里的事情，所以"朱门酒肉臭，路有冻死骨"，天下大乱就成为必然，"近者及身，远者及其子孙"。历代权贵显然不读《晋书·王衍传》，即使读了也不当回事。有明一代，朱明王室和各方权贵在占尽天下民脂民膏的同时，如果能够腾出一部分精力，让出一部分利益，关心一下国家和平民百姓，尤其是那些挣扎在死亡线上的贫民，明末数以百万计的饥民死于灾荒和战乱，数以十万计的朱明王室后裔和权贵家室被屠杀的惨剧就不至于出现了。

史书记载，王衍临死前忏悔说："呜呼！吾曹虽不如古人，向若不祖尚浮虚，戮力以匡天下，犹可不至今日。"时年56岁。

第五章

道法术人

大道之行，制度方为企业之根本

金惫啜了口茶，开口慢慢说道："诚然，很多问题归根到底还是制度问题，但是制度是什么？制度应该怎样来设计？不同的人群为什么选择了不同的制度？这些在我们国家的传统文化中是很少被讨论的。我们的传统文化里，比较重视'术'，但不重视'法'。在古代，从平民百姓到达官贵人，大家平时都在看的是关于谋略、权术之类的书，并且乐此不疲。但是对于'法'，人们就不感兴趣了。在我们的文化里，所谓'法'，往往只是'术'的工具，所以在执行层面里，'法'的解释权的变化幅度相当大。不过，归根到底，还是'法'没有制定好。有的时候，'法'被制定得不成样子，也是成心的，目的就是不让'法'成为'术'的障碍。"

"又是一堆牢骚，"田雷说道，"那你说说，制度到底是怎么回事，到底又该怎么设计？"

金惫慢悠悠地品了口茶，盖上茶碗，开口说道："制度嘛，也是有不同分类的，我们还是重点说组织制度吧，跟我们的话题关系度大一些。从根本上说，组织制度是用来规范利益分配的。一个好的组织制度不但能够规范组织运行，而且能够促使组织的良性发展。中国人总是喜欢做所谓的义利之辩，'君子喻于义，小人喻于利'，似乎义和利是对立的。其实这两者并不是矛盾的，'利'乃是基础，'利'的问题解决不好，'义'的实现从何谈起。在大明王朝的转折关头，放眼看去遍地都是小人，有几个君子？崇祯登上景山的时候，身边只剩下一个太监。"

沉吟一下，金悫继续说道："组织制度的设计要考虑四个方面的因素，一是利益的合理分配方式，二是权力的合理分配方式，三是制度与人的匹配，四是制度的灵活性、容错性、自学习特性，制度不是一成不变的，必须能够适应变化的形势。

"设计制度之前，就要明白一个道理，那就是制度虽然是非常重要的，但是制度不是万能的，还离不开人的因素。在人的因素里，存在两个方面的问题，一个是领导者的素质，一个是被领导者的素质，制度的设计要考虑到这两者的素质问题。说白了，制度的设计、运行、修正和制度下的人的素质是一个互相作用互相影响的关系。"

田雷忍不住了，直接说："你看看你，又开始上黑板课了，这么一套一套的。我看将来倒是应该有个组织制度设计学，把这些问题好好归纳一下，强似你在这里胡诌。"

古岳笑了，说："我看他说得挺好，咱们又不是在写教科书，这些活留给以后的专家们吧。"

他又对金悫说："你展开说说，愿闻其详。"

"那我就把这四个方面的问题展开说说。"金悫也不客气，接着说"第一个方面，我们说说利益分配的问题。一个好的制度，最重要的就是能够妥善解决利益分配问题，这是个关键。

"制度本身并不能对利益进行分配，因为利益的分配是随着形势和时间的变化而变化的，是动态的，而制度是相对静态的，所以必须由人来决定利益的分配方式，但是制度对利益的合理分配也会起到关键性的作用。

"首先，制度设计要考虑到建立一个关于利益分配的合理有效的磋商、谈判、裁决机制。这一点是非常重要的。制度的作用，就是建立公平、明确、可接受的规则，维系一个价值产生与分配的生态体系，让组织成员能够公平自愿地进行对等的利益交换。这种情况下，组织成员就能够心甘情愿地发挥自身的专长，最大程度上创造价值，并且进行合理的利益交换。

"例如在大明王朝里，就缺乏这样一个利益协调机制。朱明帝室皇族仅在河南一地就把民脂民膏吸吮殆尽，结果当地的皇族被农民军彻底消灭，实际上形成了同归于尽的局面。企业里的情况也是类似的，如果企业与员工、上级与下级之间，能够形成相对畅通、自愿的双向选择机制，这就是比较合理的制度。但是组织成员中的一方如果形成了强势地位，形成了一定程度的垄断机制，使原本平等自愿的交易机制被破坏，这就会产生利益方面的剥削。

"利益分配永远不可能是绝对公平的，也不可能让人人都满意。但是必须要建立一个能够让大家把利益分配问题摆到明面上来讨论的机制，让组织内的各个部分的成员能够把自己的问题都端出来，一起来磋商、谈判，最终以一个大家都能接受的方式进行裁决。

"这样的话就比较容易杜绝利益对某个集团的过分集中，比较容易实现组织内利益的合理、稳定、均衡的分配，能够体现同甘共苦的原则，也就维护了系统的稳定和发展。如果缺乏这种利益的磋商、谈判、裁决机制，那么组织的主导阶层就必须精心协调安排本组织内的利益分配。否则，很容易让利益分配过度倾斜，从而让组织内大部分成员对组织失去信任和支持，这往往是分裂和动乱的开始。

"其次，制度设计要考虑到对于利益错位的情况要有负反馈机制来加以平衡和纠正，也就是对利益错位能够进行纠偏。前面已经讲过，任何一个组织里都存在利益不完全一致性的问题，也就存在着利益错位和蜕变的问题，如果没有手段来纠偏，那么必然会导致组织系统的最终崩溃。

"对于明王朝的官僚系统来说，如果当时有得当的监督手段，让上至皇帝下到胥吏都能够谨言慎行、兢兢业业，一旦所作所为不是为公而是为私，就能够被揭发出来，那么悲剧就不会以那样一种方式发生了。

"中国的皇帝通常都有一种错觉，他总觉得官员们好歹也是他的下属，是他统治百姓的工具，所以要监督官员，只能由他派另外一批官员来监督，不能够让百姓监督。否则，就会让一些刁民钻了空子。不敢发动群众，关键是心虚。问题在于，监查部门的官员所处的位置，与被监查的官员本质是一样的。自己监查自己，就算是查出了问题，对自己的帮助不大，反而是害了同僚得罪了人，最终对自己有害。如果同流合污，则肯定会有一些现实利益。这样一来，这种性质的监督无非增加了腐败的成本，但是往往于大事无补。自古以来，皇帝们设置了不少监查机构，严刑峻法，而明朝皇帝甚至动用了特务手段，但是最终无法遏止贪腐，问题就出在这个官员自己查自己的手段上。如果仅仅依靠这个手段来监查，肯定是不够的。

"要想有效监督有效纠偏，那么监督者与被监督者必须是存在相当的利益不一致性，也就是在整体利益趋同的情况下存在很多利益不一致的地方，这样监督者们才不至于被拉拢或者与被监督者同流合污。此外就是要采用多种手段从多个角度去监督，这样的话，一旦出现问题，就比较容易被发现，而且不容易被掩盖。监督官员们最有效的手段之一就是让他管辖的百姓和下属来监督他，而且惩办官员不法行为的系统也必须是独立的，与官员的利益应当存在一定的对立性。

"当然，要保证利益取向方面不出现偏离，必须设置正向激励措施。对组织里手握重权者不但要给予足够的监督，还要确保其丰厚利益，减少其利益蜕变的机会。如果他们在主观上存在问题，光靠监督是不行的。过去有句古话，'猛虎在后，千金在前'。不能光有猛虎，没有千金。猛虎是不让他往后跑，但是没有千金，他还是不会使劲往前走的。

"第三，制度设计要充分考虑组织在发展变革时如何解决利益冲突的问题。一个组织能够持续稳定是必要的，但是从长期看事物总是变化发展的。如果制度设计不能考虑到这个因素，那么它还是有明显缺陷的。

"发展和变革时，往往也带来了利益分配的变化，过去的既得利益者可能有所损失，同时出现了一些新得利益者；但是也有可能是马太效应，多者恒多，少者更少。无论如何，利益的冲突是不可避免的。如何妥善解决这些利益冲突，就要考验参与者的智慧了。

"在解决这种问题时，各方参与者需要知道大家都是在一个利益攸关的整体内，存在利益冲突的同时也存在大量的共同利益，这在前面的利益三规则里也提到过。所以各方参与者、尤其是得利更多的参与者，必须协商解决问题，而且一定要知道有一个底线，那就是不能让系统崩溃。参与各方必须学会妥协，妥协得越快，大家付出的总成本就越低。有利益冲突很正常，但是如果不能协商解决问题，发展到直接对抗就是双输或者多输的局面。

"一般来说，制度变革的目的是要让制度更先进，让利益分配更加合理，更符合组织发展的需要，从而把整个利益总量做大。在这种情况下，尽量让参与各方都能够成为利益的更多获得者，即使相对利益份额会发生变化，但是各方的绝对利益量值应该是增加的。否则变革容易成为一方对另一方的利益掠夺，导致新的矛盾。和气生财，家和万事兴，靠的都是和谐，这里面最重要的是利益的和谐。

"面临变革带来的利益冲突时，既得利益者应该放长眼光，不能拘泥于自身目前的利益，而是要衡量长期利益和整体利益，在利益上做出一些牺牲。变革的受益者也必须尊重既得利益者的利益，同时明白变革的代价是不可避免的，在利益上做一些让步。当然这很难做到，否则也不会出现历史上那么多次改朝换代都是靠战争实现的。

"中国古代历史上的改朝换代次数很多，但是一般情况下都是换汤不换药，还是原来的那套制度，所以就重复那个王朝从兴起到衰败的死循环。一个好皇帝取代了一个坏皇帝，过个几代，就又出一个坏皇帝，然后接着改朝换代。每次改朝换代，老百姓都是最大的受害者，社会经济往往受到严重破坏，原有的既得利益者也并不能幸免。明朝灭亡后，明朝宗室被屠杀殆尽，算是被灭族了，这是一个双输或多输的结局。

"因此，如果在制度已经不合适的情况下还不能进行合理的变革，所导致的最终后果就是系统崩溃。如果崩溃之后还不能建立一个更好的制度，悲剧还会重演。组织内的直接对抗，不论是一个社会里的直接对抗，还是一个企业里的直接对抗，其代价都是巨大的。直接对抗中要决出胜负，靠的倒不是哪一方的意见更有道理或者思想更加先进，而是双方的权谋甚至暴力。这样一来，有可能落后的东西战胜了先进的东西，愚昧和野蛮的东西战胜了先进的思想。有时候历史的倒退就是这样产生的，这当然更是双输或多输的结局。

"要想平稳地进行变革，除了要分配好利益问题，还要解决思想认识问题。要把变革的目的、变革的手段、变革的路线图和变革的必要性向参与各方解释清楚，并征求各方的意见，进行相应的磋商，求得各方的理解和支持。这也是相当重要的。变革的成功，也有赖于参与者素质的提高，时代进步是要靠人的进步来实现的。

"因此组织制度的设计应该对上述情况有充分的估计和准备，在制度设计上预先予以引导，尽量选择平稳的变革，在明确游戏规则的情况下实现有序的更替和过渡。

"当然，很多的利益冲突和平衡问题不是仅仅靠制度设计来解决的，而是需要制度的执行者在执行过程中要特别注意。例如注意平衡长期利益和短期利益的问题，注意平衡主要利益和综合利益的问题，以保证全面良性的发展。所有这些，依赖于提高成员的综合素质和思想认识，尤其是统治阶层的综合素质和思想认识水平。

说完这么一大段的话，金悫顿了顿，喝了口茶，问其他两人："怎么样？请指正。"

田雷觉得今天怕是要输他一阵了，索性就没有吱声。

古岳道："接着讲，接着讲，说说第二个问题。"

金悫感觉良好地继续开口道："我们都知道在设计权力分配时必须设计监督机制，权力和利益不能过度集中于同一位置上，这样会误导社会资源的投向。这都是老生常谈了，大家都明白。不过，不同的组织形式下也有不同处理，例如企业内就提倡责、权、利合一，当然其含义与前面的并不完全一样。"

"企业内部的所有权与经营权分立问题以及如何分配经营权力问题，中外企业也是经历过长时间的探索过程的。19世纪晚期和20世纪早期及中期，有不少世界级企业实行禀议制，对于重大决策董事会成员拥有一票否决权。禀议制的好处就是能够比较充分地反映组织内各个部分的利益需求，加强组织内的和谐程度，有利于组织的长治久安和平稳发展。但是它的缺陷在于决策效率相对比较低，应变能力不足，如果外部情况发生剧烈变化，对禀议制来说就是一个严峻的考验。

"最近的二三十年来，随着国际经济竞争越来越激烈，企业间的竞争关系也日趋白热化，实行禀议制的企业越来越少，基本上只是在一些巨无霸级别的控股公司董事会依旧实现禀议制，而绝大多数企业的决策权力都是高度集中的。这样做的好处是决策效率高，应变能力强，在面对巨大挑战时能够快速集结所有资源迅速进行反应。

"一般来说，军队和企业的决策机制都是集权程度相当高的，这是因为商场如战场，情况瞬息万变，决策必须迅速。企业里由于规模不同、性质不同，决策机制还有些区别。对那些规模很小、市场竞争很激烈的公司来说，决策往往高度集中于一两人手中，董事会只是群策群力的过程。对于那些规模巨大、比较稳定的企业来说，董事会的权力一般就比较大，对公司的管理层进行比较全面的监督和制衡。像IBM这样的公司，其内部的层层监督制衡机制就比较完善，当然，众所周知IBM的决策效率是比较低的。

"即使是同一个企业，在处于不同的环境时，也会采取不同的做法。像沃尔玛这样的企业，在它的早期发展阶段，是绝对不允许在企业内部成立工会的。其实这也是它战胜竞争对手的一个秘密武器。因为工会组织固然代表了员工的利益，反映了员工的心声，但是工会与经理阶层的不断磋商斗争也影响了决策效率和劳动生产率。当沃尔玛已经占据行业龙头地位后，它逐渐开始放宽了成立工会的限制。这也是一个在集权和分权之间进行平衡的例子。

"所以一个组织选择什么样的权力分配方式，主要是根据自身情况和外部环境因素，没有绝对的一定之规。一般说来，一个组织在自身实力超群、异常强大的时候，会比较强调分权和内部控制，警惕来自内部的腐败和危机。但是当它处于严重的危机时，面对不论是来自内部或者外部的威胁时，它就会迅速调整，变得更加集权，以便提高决策效率和行动速度。这反映了成熟的组织制度的强大弹性。明白了这个道理，我们就能够理解不同的组织为什么选择了不同的权力分配方式。

"从当今企业的发展情况来看，未来企业经营决策权力的分散化和集中化很可能随着企业的发展阶段、规模和技术进步程度出现不断交替和融合的趋势。"

"嘁嘁嘁"，田雷呲牙咧嘴地挖苦道，"金兄，这里是西山，不是喜马拉雅山，您当您是谁，站在历史的巅峰上，俯瞰全人类的历史？"

金惥来了上课时喷云吐雾的感觉，也不搭理田雷，继续兴致高昂地说道："换个角度看，分权制是一种组织内部的权力分配形式，主要目的是权力的监督与制衡，避免组织从内部腐烂，防止出现重大失误。分权和监督之间也存在微妙的互动，分权和监督的目的主要还是防止利益蜕变和利益错位，不能变成束缚决策者的绳子，碍手碍脚。如果处理不当，反而适得其反。企业决策者和经营者还是应该被赋予足够的权力的，分权和监督不能妨碍其正常发挥作用。"

古岳很有同感，于是插话道："很多学者喜欢谈效率和公平兼顾的问题，意思是效率高了，就容易产生不公平；实现了公平，就会牺牲效率。其实这是不太准确的，这基本上是两回事情。如果制度设计合理，保证高效率的同时也并不妨碍整体公平。如果出现效率和公平顾此失彼的情况，那一定是利益分配和制度设计出了问题，而不是因为这两者天然就是对立的。

"存在这种似是而非的关联关系的，还有企业民主决策的问题。很多人认为只有企业民主决策才能够避免失误，这也是不太对的。决策问题非常重要，如果条件允许，是应该广泛讨论求证的。但是一些专业性很强的重大决策则需要行家里手来做，讨论也要集中在专业人士的范围里，并不是范围越大越好。企业决策要是依靠一人一票来表决，就多少有点儿戏了。

　　"真理总是掌握在少数人手里，这句话是有问题的，因为真理很多时候也掌握在多数人手里。但是权力总是掌握在少数人手里，却是确定无疑的事实。很多时候即使表面上权力掌握在多数人手里，实际上还是被少数人所掌握，这是没有办法的事情。

　　"既然如此，就应该设计好制度和利益平衡体系，让掌握权力的少数人的利益跟整体利益基本保持一致。既要防止他们的利益与整体利益发生偏离，又让他们能够放手工作，不被束手束脚，这才是多赢的格局。说到底，我们应该不唯书，只唯实，不要被一些概念化的东西所迷惑，还应该看到问题的本质。彻底学明白别人先进的东西，找到适合自己的解决办法。"

　　金壹点点头表示同意，好像是怕自己的思路被打断似的，紧接着又开口道："刚才说到第三个问题嘛，主要还是要认真考虑制度是否能够和人匹配起来。任何一个制度，不可能原封不动地搬到任何一个地方都适用。毕竟人是主体，制度与人是一种互动的关系，不能完全地削足适履。橘生淮南为橘，生淮北为枳，原因就是水土问题。所以，一个制度在某个地方用得好好的，换个地方用，可能就一塌糊涂，也是这个原因。这里面有环境的原因、文化的原因，也有人员素质的原因，不一而足。在高科技企业里应用得很好的制度，到了劳动密集型企业里可能就无法实行，反之也是如此。制度与人员素质是紧密相关的。"

古岳点头道："确实如此。对企业来说，对于不同行业、不同层次、不同地域、不同文化的员工，管理方式方法上必须有一定的调整，至于是大调整还是微调，那要看具体情况了。日本的企业实行年功序列制，强调员工对企业的忠诚度，说白了就是论资排辈。第二次世界大战后这套制度在日本实行了几十年，虽然现在逐渐式微了，但是总的效果还算不错。但是其他国家的企业是不能学这一套的，谁学谁得倒闭，民族性格、人员素质和文化上的差距太大了。"

"那第四个问题呢，接着说说吧。"古岳又道。

金崑说道："时代在变，事物在变，制度设计就必须考虑到情况的变化，必须能够适应变化，对变化要有比较充分的准备。一方面，好的制度需要有相当的弹性，可以适应变化；另一方面，好的制度在面临变化时，应当向能够给新生事物，尤其是那些能够给组织带来巨大进步和利益增长的新生事物以利益上的倾斜，这对组织的长远发展会有决定性作用。

"因此，合理的组织制度设计应该充分考虑到制度的灵活性、容错性和自学习特性。现代的自然科学和人文科学发生跨界互通之后，人们发现实际上我们的社会组织和经济组织在其体量达到一定规模之后，就显示出近似于计算机系统的机器学习特征，具备了自学习、自平衡和螺旋式上升的生态特点。在很多情况下尤其是极度复杂情况下，人类的智力已经无法与之相比，也不具备进行主观驾驭的能力。

"在这种情况下，一个好的组织制度设计，就应该能够让组织系统维持一个合理的生态，而不会被权力因素和垄断因素轻易打破；同时，好的组织制度本身也应该有足够的灵活性、容错性和自学习特征，这样一来当组织系统遇到各种突发异常情况或者长期发展之后遇到了不适应的情形，就能够很好地适应变化，而不是濒临崩溃。而且，好的制度设计会充分考虑到任何制度功能都有在特殊情况或者特定情况下失灵的可能，因此也保留了负反馈保护能力和特别干预的能力。这就跟程控的自动化系统在重要环节留有负反馈保护能力和保留后门的道理是类似的。换句话说，合理的制度设计原则里，对于特定、特殊和极端情况下出现的规则失灵现象应有充分的准备，预留调整手段，保留'踩刹车'的能力。一个再好的组织制度，如果出现外部环境的变化，或者内部特定的不利因素长期积累之下出现了对原有规则的'免疫能力'，都有可能导致组织制度出现规则失灵的现象。因此，对例外情况下和意外情况下的规则调整是非常必要的。

"例如，好的组织制度设计下，组织运行规则的主要受益者会在合理和适度情况下，向同样规则下的失败者或者利益受损者进行让利，保证后者的底线利益，这就是一种负反馈保护，让系统的运行在一个适度合理的范围内，避免极端情况的发生。"

田雷大惊，感觉金憝有点不同寻常，他是研究历史的啊，一向目不"斜"视，怎么今天有点横扫跨界的味道？两人毕竟多年相知，田雷知道其中必有蹊跷。

古岳把话题收了回来，说："今天说的是明朝之亡，那咱们是不是可以聊聊明朝的制度设计与明朝覆亡的关系？"

金憲正在兴头上，再次一马当先地说："其实咱们刚才零零碎碎地已经把这个话题说了一半了。'百代皆行秦制'，明代的政治制度实际上就是秦制。套用我刚才说的制度设计的四个要点，秦制的特点就是利益和权力方面过度集中，而且缺乏制衡监督，制度设计方面缺乏灵活性和容错机制。这也是明朝制度失败的根本原因。"

田雷这次却点点头，正中下怀，他准备发挥了。

"你的说法很有道理，但是还有以偏概全的一面。"田雷以评论的口气谈道，"我们不要对中国古代的帝制全面否定，一个制度能够产生并长期存在，一定存在它合理的一面。即使它过时了，我们也有必要追根溯源探究一番。'百代皆行秦制'，明朝的制度也是沿袭秦制，要找源头，还要研究秦朝制度的形成。"

在学校的时候田雷对秦史比较有研究，所以说话有底气。

"春秋时期中国有几百个诸侯国，长期相互兼并之后，到了战国时期也还有不少小国，当然主要剩下韩、赵、魏、秦、楚、齐、燕七个诸侯国。经过长期的战争，历史最后选择了秦。秦之所以能够最终统一中国，是长期实践选择的结果，决非偶然。我们一定要认识到这一点，这也是值得我们深思的。实际上，秦之所以能够胜出，恰恰是秦制与秦国实际情况很好结合的产物。

"很多人误认为秦制是秦始皇所创，这是完全错误的。秦制是秦国在长达数百年的发展开拓过程中逐步形成的，秦始皇仅仅是集大成者而已。秦始皇的车同轨、书同文、统一度量衡、推行郡县制，只是把秦制推广到全中国而已。

"在秦统一天下的过程中，贡献最大的国君并不是秦始皇嬴政，他只是接力棒的最后一棒，因此格外耀眼。秦从立国到秦始皇统一六国，共经历了30多位国君，历时600多年。秦开国初期的几位国君是非常不容易的，披荆斩棘，在夹缝中艰难立国。秦国发展中期和后期的几位国君对秦统一六国也有决定性贡献。前辈们的基础工作做得非常扎实，等到了嬴政即位的时候，秦对六国已经占据了绝对优势，军力、人口、经济、面积都赶上甚至超过了六国的总和。而六国中除了齐国和燕国与秦不接壤之外，韩、赵、魏、楚四国都是屡遭重创。这种情况下，即使国君没有什么雄才大略，秦灭六国也只是时间问题。在这个时候，秦制已经相当完善了。

"秦之所以能够灭六国，原因很多，最根本的一点就是通过商鞅变法使它国力蒸蒸日上，在实力方面远远超过了对手。其实六国中与商鞅大致同时代进行的变法很多，也都取得了不错的效果。变法也并不是秦国的专利，但是商鞅变法的一个特点是把秦法与秦人的特点结合得特别好，因此实行之后效果非常明显。后来虽然商鞅本人被继任的国君杀掉了，但是商鞅制订的秦法没有被废掉，继续发挥作用，成为秦制的核心和基础。实际上，对秦制的形成最有贡献的当属商鞅。商鞅的变法有很多特点，最重要的步骤是废除分封制，实行官僚制、郡县制，把权力和资源都集中到国君手里，有效防止了当时各个诸侯国卿权过重的弊端，为国家和政治的稳定提供了基础。另外，废除世卿世禄制，实行军功爵制，使得贵族世家子弟不能坐享其成，迫使包括贵族在内的各阶层人士积极为国家建立军功，这样就大大减少了社会不公，使得国家利益与个人利益高度一致。积极鼓励农业生产，并引进外来人口开荒拓地，大大推动了经济的发展。

"商鞅变法的时候，秦不过是战国七雄之一，还谈不上实力超群。当时的齐、楚，甚至晋国三分之后出现的魏、赵，都曾经在诸侯国中显赫一时，秦的实力都赶不上上述各国。但是商鞅变法之后，秦可谓是一骑绝尘，远远地超过了对手，直到最后统一六国。所以，秦的成功，归根到底是秦制的成功。"

说到这里，田雷仰脖"咕咚"喝了口茶，继续说道："秦制后来发展成为中国的帝制，进而主宰了中国两千年的历史，最终也阻碍了中国的发展，这是后话了。秦国君臣发愤图强，这才有了商鞅变法的成功，把中国人都变成了秦人。但是秦制有弊端的一面却也因此流传下来，后人没有能力再进行改革，导致后世危机四伏。对于一个看起来失败的制度，我们不要光看到它有弊端的一面，也要看看它是怎么成功的。对于一个成功的制度，我们也要看到它有弊端的一面。从某种意义上说，任何历史都是现代史，而历史是在不断循环的。"

田雷这番话说得非常高瞻远瞩、荡气回肠，让古岳和金壵多少吃了一惊。金壵打趣道："士别三日，刮目相看啊。"田雷得意地翻了他一眼。

古岳听到这里，笑着打了个岔："田雷所言极是，秦制确实是历

159

史和实践选择的结果。是不是可以这样理解，早期秦制本质上是一种战争制度，一旦到了承平时期，脱离了外来威胁，帝制的问题就暴露出来了。秦二世而亡，就是一个例子。秦制的特点就是把天下利益集中于一姓一人。围绕着核心一家，又依次延展出若干家族统治，把一部分利益分出来给这些外围家族，形成了坚实的利益共同体，所以帝制还是有数量很少但很强的支持者的。但是这种利益过于集中的做法，也是存在极大的缺陷的。除了刚才说的，还有另外一个缺陷就是在继承人的选择上，也存在很大问题。既然利益只是一家的，那么最高权力的继承者也就只能由他家里出人来担纲，这样可选择范围就极小了。历朝历代因此导致动荡战乱的例子不计其数。话题转到明朝，其实崇祯皇帝是个比较有能力、有毅力、有志向的人。但是他登基时还是太年轻，缺乏基层的历练。他非常有能力，但是对外未曾经历过军旅锤炼，对内则缺乏行政经验，缺乏对付那些老奸巨滑的官僚们的办法。军国大事，取决于这样一个人，也确实勉为其难。天资禀异者尚且如此，那些不肖子弟们就可想而知了。"

说到这儿，古岳笑了一下，看看表又说道："时候不早了，我去准备点快餐，咱们还得赶下一场。"快餐指的是古岳最拿手的西红柿鸡蛋打卤面，一般都是古岳自己下厨去做。所谓下一场，说的是这几个人在古岳的别墅里小聚之后，通常还要到香山上赏赏夜景，再畅谈一番，要么去杏林山庄旁的四合院饭馆下几局棋，这已经是他们的习惯。

之前厨房里面条和各种配料已备好，所以古岳下厨后很快把鸡蛋西红柿打卤面做好了，再配上一盘老醋花生和一盘拍黄瓜，就算是三人的晚饭了。饭菜端上来，三人呼噜呼噜地风卷残云，很快就吃得差不多了。三人喝着面条汤，坐着继续开聊。

这次古岳先开口："我们的先贤有大智，给了我们诸多教诲，'生于忧患，死于安乐''人无远虑，必有近忧''居安思危，思则有备，有备无患'。但是这些教诲并没有完全被后人吸纳成为其固有思想和性格，相反很多时候确实极度缺乏危机感。

"明朝的时候，情况正是这样，朝廷上下都觉得自己仍然是天朝大国，仍旧藐视一切，除了自己之外，其他都是夷狄，都不足挂齿。总之架子始终放不下来，始终不肯面对现实。其实如果明朝人冷静客观地看看实际情况的话，就知道这种自豪感和自大感是很缺乏根据的。人不能没有自信和自豪感，但是过了头就很糟糕了。即便是在明朝，英宗皇帝还曾经被蒙古瓦剌部俘虏过，京城也险些被攻破。蒙古对明朝的威胁，其实始终没有得到真正有效的消除。战略重地河套平原，长期掌握在蒙古人手里，对内地来说是如鲠在喉，说严重点就是脖上架刀。当年汉武帝反击匈奴时，首先就是反攻河套，消除威胁。明朝根本无力恢复河套，最后是靠和亲加上招抚的办法换得了和平，但是历史已经无数次证明过这种和平的不可靠。即使从这些情况看，明王朝就不是什么真正意义上的天朝大国。

"从更长远的历史看，情形就更不乐观。远从西晋灭亡、东晋建立开始，北方地区就一直被少数民族武装主导，任其纵横驰骋。东晋总算是能够自保，但是根本无力恢复北方，东晋的皇帝们干脆就满足于偏安，不做此梦想。之后的南北朝时期，情况大同小异。最后还是北方的隋王朝灭掉了南方的陈国，一统天下。隋朝虽然已经高度汉化，但皇室毕竟还有少数民族鲜卑族的血统。之后的唐朝也是如此，唐朝一片歌舞升平，兵不习战，安史之乱虽然是内乱，也说明一个民族长期处于安逸之中就堕落了。宋朝更不用说，从成立之初就一直是非常屈辱非常孱弱的，北方地区大部分被辽国占据，今天的山西竟然成了北方边疆，就这样还守不住。宋朝是中华民族历史上文化高度发达的朝代，四大发明中有三大发明都产生在宋朝，真是让人叹息，不知道说什么好。

"回到明末，那时候的情况也是如此。士大夫们只知道高谈阔论，故弄玄虚，对外界的变化一无所知，也不屑一顾，完全是一副死猪不怕开水烫的德行。朝廷上下，只知道维护自己天朝大国的面子。努尔哈赤从攻下抚顺，到萨尔浒大战，再到攻下沈阳、辽阳，明朝上下就没有人去好好研究一下努尔哈赤的战略战术和部队情况，只是一味地斥之为'奴酋'，视之为蛮夷。

"明军的战略战术从未针对后金军队的作战特点发生改变，直到袁崇焕守宁远才有所调整，但最终还是无所作为。在对付骑兵冲击方面，明军火器强大的特点始终没有得到发挥。以至于清军入主中原后，大幅度削减了军队野战中的火器使用，认为其用处不大，在兵器技术上发生了一次大倒退。清军倒是学习了攻城大炮的使用方法，攻坚威力大增。

"明朝最后就倒在了这个两面作战上。具有讽刺意味的是，北京城被李自成攻破，那些坚守天朝大国气节的大臣们先是迫不及待地投降了李自成，后来又更加感激涕零地投降了先前他们鄙夷的清政权。

　　"因此，任何一个组织都要具备足够的学习调整能力，成为一个学习型组织和创新型组织。不能因为一时的成功，就忘乎所以，妄自尊大。在激烈的竞争环境里，没有自我学习调整能力，必然会衰落和灭亡。而很多组织就是因为长期处于安全和垄断的位置，没有任何竞争，就丧失了自我调整的能力，一旦外部情况有变化，就无法适应了。这跟恐龙灭绝的原因是类似的。"

　　古岳很少一口气说这么多，自觉有点口干，便去喝面条汤。汤有点凉了，没办法，他又去沏茶。

　　田雷笑道："算了，时候不早了，干脆咱们去香山吧？"

　　于是田雷开车，三人直奔香山。

史料解读十六

600年的奋斗——秦的发展历程

秦在立国之前，本来是周代地处西部的一个小部落，其远祖多以驯兽、驾车、养马见长，为历代周王服务，地位是比较低下的。周宣王时秦仲为西垂大夫，才算有了一定的政治地位。到了秦襄公的时候，正赶上周王室有难（周幽王烽火戏诸侯及犬戎破镐京），秦襄公积极勤王，又率兵护送周平王东迁，被封为诸侯，建立了秦国，这才正式立国。从这时候算起，过了600多年，秦灭六国，统一天下。

秦立国的时候，周王室给秦开了一张空头支票，把周朝起家的西歧一带地方（也就是今天的陕西关中平原一带）封给了秦。这片土地，非常富饶肥沃，当时已经被西戎所占领。周王室自己都守不住祖宗起家的地方，干脆让秦去收复，实际上也是让秦为自己戍边。因此，早期的秦国不断向西讨伐西戎，争夺领土。但是西戎也很强大，这个过程很艰难。200多年过去了，经过秦国很多代国君的努力，到秦穆公时，"秦用由余谋伐戎王，益国十二，开地千里，遂霸西戎"，终于获得了肥沃的关中一带。这对秦国来说意义重大，一是有了一块巩固的根据地，二是解决了西戎的后顾之忧，可以专注向东扩张。秦穆公奠定了秦成为强国的基础，在秦的统一大业中居功至伟。

秦穆公之后的若干代国君虽然作为不大，但绝大多数算是守成之君，守住了祖业。期间虽有内乱，但是总算有惊无险。秦国地处西方，经济文化都不发达，长期被中原各国视为戎狄之国，有些瞧不起。与中原各国很多生活奢靡的君主不同，秦国君臣们的生活一直比较朴素节俭，没有腐化堕落，君、臣和百姓们的关系也相对比较简单融洽。

后世文人称秦始皇"奋六世余烈"，一统天下，指的秦始皇之前的六世秦国君主——秦孝公、秦惠文王、秦武王、秦昭襄王、秦孝文王、秦庄襄王。经过了这六世国君大致100年时间的不懈努力，秦国统一六国的条件已经基本成熟。

秦孝公即位后，对秦国的落后深感屈辱，遂发愤图强，立志变法。秦孝公重用客卿卫鞅（即商鞅）实行变法，这就是历史上著名的商鞅变法。在孝公的坚决支持下，变法收到了非常显著的效果，秦国从此国富民强，蒸蒸日上，转弱为强，在国力上迅速把六国甩到后面。秦孝公时期的变法为秦国最终统一天下奠定了基础。

秦惠文王执政后，采用司马错的建议，攻占了蜀国（今天四川一带），获得大量肥沃的土地，后来又兴修水利，保证粮食收成，使之成为秦国非常重要的粮食供应基地。这是非常重要的一个战略步骤，为以后秦国持续不断地对外发动战争，直至统一六国打下了坚实的物质基础。秦占领蜀国，也就断绝了它最大的敌人楚国西进发展的可能，战略意义重大。如果楚国先秦一步占领蜀地，此消彼长，那么未来鹿死谁手尚未可知。就战略大局来说，这是决定最终结果的"胜负手"。

这六世君主中，秦昭襄王在位最久，长达56年。昭襄王在位期间，改行远交近攻的策略，先后大胜韩、赵、魏、齐、楚等国。秦国攻取魏的河东和南阳、楚黔中和楚都郢（今湖北江陵西北）。秦国攻赵，在长平（今山西高平西北）大胜赵军。接着，秦又灭亡了东周。在此期间，与秦国接壤的韩、赵、魏、楚各国的领土都大量丧失，其中楚国丧失了国土的一半，韩、魏丧失了一大半国土。慑于秦国军威，齐国对各国保持中立。昭襄王在位后期秦国实际控制面积已经超过东方六国总和，各国已经很难形成有效抵抗，秦国统一六国的大局已定。

秦王政亲政后，采纳李斯的建议，加速统一六国。秦军采取集中力量、各个击破的方针，在先后灭掉韩、赵、魏三国后，又攻取燕国，然后再全力消灭楚国，最后齐国已经丧失斗志，不战而降。

从上述历程可以清晰看出，秦灭六国是秦国君臣历经数百年不懈奋斗的结果。后世人们都知道是秦始皇嬴政统一了中国，但在秦国的三十几代国君中，穆公、孝公、惠文王和昭襄王对此的贡献恐怕不亚于嬴政。

在春秋时期，存在着数百个大小不一的诸侯国，秦仅是其中的一个后起之秀，并不突出，为什么秦成为最终的胜利者？历代学者对此多有讨论，罗列其中的原因大致有如下几条：

一、从战略地理来说，秦国有独特的优势。

二、秦国历代国君选择了正确的战略方针，避免了大的失误。

三、秦国重视人才，积极引进和重用外来人才。

四、商鞅变法带来了适合秦国情况的政治、军事、经济制度。

五、秦国地处偏远，秦人生活比较朴素，思想比较简单，价值观比较单一。秦国历代国君能够志存高远，奋斗不懈，使秦国转弱为强，最终统一全国。

在此，我们尝试对上述因素逐一进行探讨。

秦国立国关中地区，关中地区的自然环境自古被称为"天府之国"。关中地区"山林川谷美，天材之利多"，"北有甘泉谷口之固，南有泾渭之沃，巴汉之饶，右陇蜀之山，左关崤之险"。军事上，秦国历来号称"四塞之地"，"秦四塞之国，被山带渭，东有关河，西有汉中"，据有易守难攻的战略地理优势，对于秦统一全国起了重要的作用。《史记》中说，"秦地被山带河以为固，四塞之固也。自缪公以来，至于秦王，二十余君，常为诸侯雄，岂世世贤哉？其势居然也"。

但是对比关东六国，秦国的地理环境也并不是一枝独秀。例如楚国在地理上就非常优越，军事上易守难攻，而且疆域辽阔，它的版图东临大海，南抵五岭，西包巴蜀，北绕颖泗，在战国诸雄中，国土面积最大，国家人口最多。楚国在战略地理位置方面的优势并不亚于秦国。而齐国地理环境也很好，自然条件优越，"自泰山属之琅邪，北被于海，膏壤二千里"，从太公时期就"通工商之业，便鱼盐之利"，而且它背靠大海，军事上不必担心腹背受敌和两线作战，可以全力向西发展。当然晋国的战略地理环境就比较差，处于四战之地，各个方向都有敌国。三国分晋后的韩、赵、魏也是如此，因此在发展上也很受影响。

总体上讲，秦国在各诸侯国中属于战略地理环境最好的国家之一，但并不占有绝对优势。

从战略选择角度来讲，秦国的确很成功。秦国早期遵照周天子的命令，全力向西征伐，恢复自身的封地，到穆公时"益国十二，开地千里，遂霸西戎"。获得了一块稳定巩固的根据地，从此可以放心大胆地向东扩展。有了根据地，秦国致力于变法自强，进一步加强自身的实力。之后秦国又攻占了巴蜀，在经济上大大充实了自身的实力，一统天下的基础已经具备。就在东方诸国纷争不已的时候，秦国韬光养晦，自强不息，不知不觉间实力已经远超对手。从此秦国开始采用远交近攻、集中兵力、各个击破的办法，不断攻打、侵蚀、分化东方六国。

在战国七雄中，秦国特别重视人才，重用人才，唯才是用，求贤若渴。除了发现本土的人才外，还特别注意引进外来人才（客卿）。秦国发展历史上几乎所有的重要谋士都是客卿，还有相当多的将领、行政人才也是客卿。秦穆公时期的由余、百里奚、蹇叔，孝公时的商鞅，到后来秦王政（始皇）时的尉缭、李斯，不可胜数。这些人才对秦的发展壮大起到了关键性作用，商鞅变法就是其中最突出的例子。

但是如果转头看看东方六国，我们发现其实东方六国的人才也不少，有些人才也得到了重用，也曾经取得过辉煌的成功。这些国家当初与秦国类似，都有自己的一套发展战略，也出现不少励精图治的君臣。但是，像秦国这样能够把战略长期一贯地执行下去，稳扎稳打，咬定目标绝不放弃，东方六国谁也没有做到。秦能够做到这一点，很大一部分原因应该归功于秦的制度建设。

商鞅变法奠定了秦制的基础，彻底改变了之前的封建制度，为秦国的政治稳定、经济繁荣、军事强大打下了坚实的基础。商鞅变法的突出贡献就是废除分封制和世卿世禄制，改为郡县制和官僚制，实际上就是后来的中央集权制的雏形。在春秋战国时期，诸侯国都采取分封制，大夫们也有自己的封地，也可以世袭，这样一来就变成国中有国，一国之内政令不易统一。时间一久，卿权尾大不掉，君权和卿权就容易发生冲突，造成内耗甚至内乱。更有甚者，很多国家的君权旁落到了权臣的手里，而权臣家的权力又旁落到了他的家臣手里，导致国家大权最后竟然到了地位低下的家臣手中。孔子就亲眼目睹了春秋时的这一特殊现象，并为此哀叹不已。因为君权和卿权的矛盾激化，春秋时期诸侯国霸主之一的晋国最后被三家大夫瓜分为韩、赵、魏三个国家，另外一个强国齐国本由姜子牙建立，结果后来齐国被权臣田氏所篡。大国尚且如此，小国的内乱就更多了。而商鞅变法就基本解决了这个问题，把权力都集中到国君手里，秦国政治上就比较稳定，能够把国家的战略规划执行下去。再有，商鞅变法取消了贵族爵位和封地的世袭制度，制定了"军功爵制"，要想加官进爵，必须去立军功。这样一来，就把国家利益和个人利益统一起来了，而且也很公平。秦国人的积极性被调动起来了，都去拼命打仗。商鞅变法里还有不少加强统治、鼓励农业生产的内容，就不一一赘述了。

　　但是如果我们把秦灭六国的根本原因完全归功于商鞅变法，也未免有些简单化。其实在战国时期，各国都在变法图强，楚国有吴起变法，魏国有李悝变法，韩国有申不害变法，赵国有胡服骑射，都有显著成效。但是往往人亡政息，坚持不了多久。秦国就不一样，秦孝公去世后，秦惠文王上台，惠文王和一大批贵族痛恨商鞅，所以立即把商鞅处死了。但是商鞅的新法并没有被废除，而是继续认真实行，使秦国国富民强。商鞅的改革之所以能够成功，当时的秦国国君和贵族阶层功不可没。商鞅变法的成功，是以牺牲贵族阶层的大量利益为代价的。贵族阶层原有的封地没有了，世袭的各种利益被夺走了，按照今天的说法，等于从公司的合伙人变成了打工仔，工资还大大降低了，而且没有任何像样的补偿。在诸国的变法中，秦国的变法最彻底，对贵族利益的损害最大，但秦国的变法却被坚持得最好最完整。其他诸侯国的变法遭到了本国贵族的激烈反对，很少能够坚持下来。反倒是秦国贵族阶层看到了商鞅变法对实现国家长远利益的重大作用，把新法坚持了下去。秦惠文王和贵族们仇恨商鞅的原因比较复杂，商鞅本人也有刻薄寡恩、刑法过重的缺点，得罪了很多人。但惠文王能明智地把商鞅和新法分开对待，贵族阶层能够为了国家长远利益而忍受自身利益的损失，这是非常了不起的。当时秦国上下有一股发奋图强、积极进取的精神，有建立霸业的坚定决心，有质朴向上的价值观。秦国君臣团结一致，志存高远，全无东方六国统治者的靡腐之气。

秦国贵族阶层在这一问题上的认识水平和克制力、牺牲精神是其他六国贵族所远远不能相比的，这也是秦国变法成功的根本因素之一。除了国君和极少数几位大臣外，这些人的名姓大多已不可考，但他们无疑也是创造历史的人。在这次变革中，既得利益者和新生力量为了国家的长期利益和根本利益，进行了艰难的妥协，最终完成了一次根本性的变革，为中国开创了一套新的政治制度，并被后人使用了两千多年，影响至深至远。在中国几千年的历史上，这也是极为罕见的。

第六章

亢龙必悔

基业长青，企业的灵魂是价值观

天色已暗，但古岳三人对香山再熟悉不过，金悫自幼在香山公园旁边长大，闭着眼睛也能找到路。路熟人也熟，没费周折，田雷开车走侧门入香山公园。停车之后，三人就开始在半山上散步。

　　三人走走停停欣赏一番后，田雷提议去香山饭店，那里有个咖啡厅，24小时营业，于是三人又溜达到了香山饭店。香山饭店里面很清静，灯光柔和。那家咖啡厅里客人很少，只有几个外国人在品着咖啡，低声谈笑。

　　三人落座，一位身材苗条的女服务员微笑着从吧台向他们走过来。这个女孩子身穿浅紫色旗袍，眉目如画，容貌清丽。只见她弱柳扶风般姗姗而至，就象是仕女图里的人物。田雷一看，吃了一惊，竟然不由自主地想起了林黛玉。金悫也注意到了，不禁有点感叹，还觉得有些面熟。

　　其实三人里是古岳最早观察到这个女孩子。每到一个新场所，古岳都会习惯性地把周边的环境和人群迅速扫视一遍，而且丝毫不动声色。与田雷和金悫不同，他注意到的倒不是这个女孩子的美丽，而是她虽然容貌气质出众，而且面带笑容，但是表情还是有点拘谨和青涩。古岳很自然地判断出这个女孩子应该不是普通的服务员，很可能是实习或者临时打工的学生。

　　田雷眼睛挺尖，看到这个女孩子工牌上的名字是林茵，有心搭讪，但是碍于古岳和金悫，没好意思多说话。金悫却情不自禁地低低"喔"了一声，迅即又紧紧闭上了嘴巴。古岳看着这两个人的尴尬样子，知道是因为这个服务员引起的，心中暗笑，却不太明白怎么连一向一本正经的金悫都有点失态。金悫此时心中懊恼不已，想起今天晚上失约的事情。原来，他看着林茵想起了学校里那位美丽的图书馆管理员，她们两人长得还真有几分像。金悫平时经常泡在学校图书馆的老师阅读室里，还有意无意地模仿某位名人，不但坐在一个固定的安静角落里，两只脚还时不时在地板上乱蹭。学校里的师生们对金悫都很尊重，时间一长，大家都不去坐那个座位了，成了他的专座。那位图书馆的管理员原本是工科的本硕连读，现在在上本校的在职博士生，读的却是政治经济学方面的专业，底子有点弱，平时还找机会向金悫请教些历史方面的问题。交流得多了，这位女孩子对金悫就有些崇拜，为了让金老师觉得她并不是小白，于是精心准备了一些跨域的问题去请教。金悫一开始还真被难住了，一时大惭。不过他这个人人品、学品俱佳，不懂就去学去思考，特地去翻了不少资料。金悫虽然在其他方面不开窍，但是在学问方面倒是行家离手，一学就通，举一反三，倒是很有些心得，这也是谈吐之中的学问让田雷大吃一惊的由来。那位管理员前两天跟他约好今晚在图书馆里请教个问题，结果金悫在古岳那里聊得高兴，竟然忘了这事。想想那女孩子在图书馆里望眼欲穿，金悫有点无可奈何，有心打个电话道歉，又怕被田雷逮着把柄，只得稳了稳心情，跟古岳、田雷一块坐下。

三人跟林茵各点一杯咖啡，美女飘然而去。不多时，林茵把三杯浓咖啡端上来，三人一边品着咖啡一边继续这个令常人昏睡的话题。

客人不多，林茵就静静地站在三人座位附近。

古岳叹道："其实这一段围绕着这个话题，我想了很多。古人讲天时、地利、人和，又讲天时不如地利，地利不如人和。从短期看，天时地利的作用还是更明显一点，更直接一点；但是从长期看，还是人和的作用更大。

"从我们这一段讨论的话题里就可以看出，在短时期内，外部环境和客观形势对一个组织的作用是最直接的，是人力很难轻易改变的，必须尽可能地顺势而为，不要逆势而动。还是举明末的例子，崇祯皇帝急切地希望中兴明朝，振兴祖宗基业，他也脚踏实地去这样做了。十七年如一日，兢兢业业勤勤恳恳，结果最后还是身死国灭，令人痛惜。

"冷静准确地判断形势，制定正确可行的目标，继而去实现它，这是成大业者要做的事情。当然，这很难做到。形势判断不明，目标制定过高，就容易事倍功半，甚至无功而返、一败涂地。崇祯黜魏忠贤，康熙擒鳌拜，手段都很高明。但是崇祯成了亡国之君，康熙成了一代盛世明君，他们个人能力未必有多大差距，问题还是所处的形势不同。明王朝行将就木，大势已去，崇祯能力强，干劲大，只不过能够令其苟延残喘而已；清王朝则处在上升期，王朝上下锐气尚存，康熙的能力自然得到充分发挥，可以披荆斩棘，开辟盛世，成就大业。

"做企业也是如此，在80年代美国股神巴菲特也干过一把逆市而动的事情。当时美国的纺织业已经是夕阳产业，竞争力越来越弱，巴菲特投资的一家大型纺织企业也面临同样问题。但是巴菲特考虑到这家纺织企业有非常好的管理班子，非常好的劳资关系，而且企业上下都团结实干，勇于面对问题、解决问题，所以他就选择继续支持这家企业，继续注入资金进行技术改造。当然，最后的结果是巴菲特不得不关闭掉这家企业，因为他实在无力回天。在当时的情况下，纺织行业属于劳动密集型产业，美国的纺织企业由于成本原因在全球的竞争力中迅速下滑，这是大势所趋。巴菲特无法逆势而动，我们的企业家们恐怕也不能例外吧。

"除了外部环境和客观形势的影响外，在较短时期内能够最有影响的因素就是人才储备和战略选择了。崇祯失败了，李自成失败了，最后的胜利者是清王朝，人才和战略的优劣是一个决定性因素。企业要发展，要在竞争中脱颖而出，在同样的大环境下，选择最适合自己的人才和最适合自己发展的战略是最重要的。大形势不好，谁都很难发展，但是大形势好的时候，也不是家家企业都会好，能够发展起来的企业一定是人才和战略上更优的。

"与上述因素相比，影响更深远的因素就是利益分配问题。组织内部的利益分配是否合理，是关系到一个组织能否稳定和能否发展的重要问题。一个组织不能很好地解决利益分配问题，内部成员就会离心离德，各谋出路，稳定和发展就根本谈不上。所谓'利者，和也；和者，利也'，说到底，一个组织最大的利益就是和谐，家和万事兴，在和谐中稳定，在和谐中发展。反过来，要做到和谐，就要把利益分配好，多劳多得，贡献大的多得，替组织担负更大风险和责任的多得，反之就少得。利益分配要倾斜照顾发展的因素，谁能够让组织发展，谁就能够得到利益上的倾斜照顾，这样就能够促进发展。

"明朝被农民起义军和清政权打垮，其根本原因在于内部的利益分配是非常失败的。有权有势者只顾自己肆意获取暴利，占据多数的无权无势者满心愤慨，人心思变，人心思乱，大明王朝因此危若累卵，一有火苗即成燎原之势。任何组织要想稳定，要想发展，必须解决好利益分配问题，让绝大部分人可接受，否则内部离心离德，就不可能维护稳定，更谈不上发展。

"要想解决好利益分配问题，就不能忽视制度设计。要解决好利益分配问题，与其靠人治，不如靠法制。短期看、局部看要靠人，靠领导者的智慧和气度，长期看、全局看就要靠制度了。制度的设计，关系到利益和权力的合理分配，关系到一个组织的长治久安，绝对是重中之重的大事。制度合理与否，不但对一个组织的利益分配有关键性影响，而且对人才能否留住、战略选择是否正确这些现实问题有深远影响，甚至对这个组织的思想文化都会产生重大影响。"

古岳停顿一下，喝了口咖啡，继续说道："不过，上述几个因素，仍然还算是硬条件，是看得见的因素。真正在漫长历史时期发挥根本性作用的因素，却还不是这些，反而是一些软的东西，一些思想文化方面的东西，我们应该称之为软实力。水滴石穿，时间久了，房檐下的石阶就出了一排排的凹陷，这就是雨水的力量。软实力的作用也类似于此。"

"说了半天，你具体说说这些软实力具体是啥东西？"田雷一直有点走神，这时候才问了一句。

古岳回答："对一个组织来讲，它的长久发展更多的取决于软实力。软实力对一个组织来说，表现在其价值观、危机感、人口素质、自我学习调整能力、思想文化的健康自由。当然，肯定不限于这些，这只是我的一点看法。但是我认为，在软实力的所有因素里，价值观和危机感是最重要的两个因素。"

古岳又道："我们今天论的是明朝的灭亡，就不妨看看这些因素在明朝灭亡过程中所起的作用。咱们先说说价值观的影响。

"明朝末年，尤其经历了万历年间，整个社会的价值观是非常扭曲和不健康的。大明王朝建立了近两百年，承平日久，朝廷上下奢侈腐败，上梁不正下梁歪，导致民间风气也是如此。

"当时的社会风气概括说来就是好酒、好色、好赌、好空谈、奢侈放纵，完全是一派末世绝望纵欲的景象。清军十几万人就能够征服这样大的一个王朝，根本原因就是这个王朝已经非常腐朽了。

"明末社会无论官民都好酒成风，经常在一起聚饮，通宵达旦。喝酒少的能喝儿升，多的无限量，日夜不止，朝野上下都是如此。万历皇帝就是个典型。好酒往往伴着好色，万历和他之前的两任皇帝都是出名的色鬼，朝野上下竞谈房术性事，已经成为风气。到了明朝后期，士大夫酗酒好色，不仅三妻四妾，还要去青楼妓院。当时的人们还喜欢赌博，而且是大赌特赌，赌起来不分白天黑夜。听戏、喝酒、品茶、赌博、嫖娼，徜徉在声色犬马之中，成为当时的风尚。这种高度腐化的社会风气刺激权贵阶层更加疯狂地聚敛，普通市民人家只能艳羡不已，恨恨不已。从当时流行的小说里，我们也可以看出当时的社会风气。像《三言》里的那些人物，为了勾引良家妇女或者得到烟花女子，都是挥金如土，毫不心疼，千方百计地下功夫，只求事成享乐。值得指出的是，这种放纵淫靡的风气也大大影响了下层人民，成为整个社会的风气。

"对历史不熟悉的人很难想象，早在300多年前，我们古代社会就是这个样子。我们总说封建礼教如何禁锢人们，其实也不完全是那么回事。帝国的统治者最看重的是人们是否不满或者反抗他们的统治，等到焦头烂额之际他们就有意默许甚至鼓励人们去腐化堕落，别老去想国家大事。

"当晚明内忧外患已经非常明显的时候，社会风气依旧如此。国家摇摇欲坠，知识分子在做什么呢？顾炎武写道，'近二三十年，吾地文人热衷务虚求空之娱乐，盖无例外者'。当时文人们仍然习惯于坐而论道，吟咏风月，却不务实。即使是自称清流的东林党人，积极参与政治，热衷于党争，但却只能空谈道德，却不能面对实际提出一些解决方案。崇祯皇帝和明廷面临的大量具体问题，他们一个也解决不了。生长在这种环境下，17岁登基的崇祯皇帝竟然十七年如一日地勤政，跟那些士大夫相比简直就像一个怪物。只可惜，大势已去。"

古岳以一声叹息结束了这次长篇大论。

金悫点头道："其实香山脚下的八旗子弟也是同样一个结局。清代贵族的形成，始于它的八旗制度，是努尔哈赤创业时建立的。原有黄、白、红、蓝四旗，后又增加镶黄、镶白、镶红、镶蓝四旗，合称八旗。它是一种兵民合一的组织形式，这些八旗军人平时耕猎为民，战时披甲为兵，擅长射骑，勇猛善战，战斗力极强。努尔哈赤赏罚分明，把战争中缴获的上百万人口、牲畜、甲仗、兵器，以及大量的金银财宝赏赐给了有功之臣，同时还给他们加官进爵。这样，清朝在进关之前就已经存在着一个贵族阶层，享受着特殊待遇。清朝取代明朝后的初期阶段，八旗官兵还按时操练兵马，坚持不懈。承平日久，到了雍正时期，练兵次数逐渐减少。那些八旗将军以及上层官员，已经习惯坐轿子，以骑马为耻，即使训练士卒，也是马马虎虎，敷衍塞责。到了乾隆年间，八旗官兵已经武艺荒废，没有什么战斗力了。平日里八旗贵族们倚靠着国家的奉养，吃着皇粮，无所事事，骄奢懒散，已完全成为寄生虫，精神空虚到了极点。提笼架鸟、斗鸡、斗鹌鹑、斗蟋蟀、逛酒楼戏园、吃喝嫖赌，成了他们日常生活的乐趣。到了清末，这种现象愈演愈烈，大量正身旗人家产荡尽，下降为佃户，甚至沦为流民、痞子和无赖。当年骁悍勇猛、横扫天下的八旗勇士们，后世竟然落得个如此下场，八旗子弟竟然成了纨绔子弟的代名词，真是可悲！可叹！哀哉！痛哉！"

说到这儿，金憲语气里真是有点痛心疾首的感觉，古岳和田雷倒是都明白里面的缘故。金憲家里本姓爱新觉罗，而且是根红苗正的一支，正儿八经的前皇亲国戚，不过早就败落了，他这一番话还真说到痛处了。

田雷本想挖苦他一句，不过动了动嘴唇没敢说，知道这时候不能招惹他。于是田雷转移了话题，说："说起来，这跟富不过三代的道理是类似的。"

古岳点点头，说："是啊，富不过三代在中国是个常见的现象，价值观的变化是发生这种现象的根源。第一代创业者必须有能力，有干劲，有强烈的事业心，加上一定的机遇，通过长期艰苦奋斗才能够成就事业；到了第二代、第三代，往往自幼养尊处优，就不再认可这种生活方式，认为太苦，认为为了所谓的事业和金钱，放弃了生活质量和休闲娱乐，太不值得。他们甚至认为最痛苦的事情就是减少娱乐时间，因为娱乐已经成了他们生活中的一个不可缺少的一部分。第一代创业者的成功其实都肯定有一定的机遇因素，有些甚至有点侥幸成功的意思，第二代和第三代如果这样来对待事业的话，那么衰落和失败是必然的。"

金悫严肃地说道："老古，有同感，我有点话说。一个社会、组织、民族，当它把享受娱乐作为价值观里最重要的内容时，就代表着它已经走向堕落。一个组织应该把生存和发展本身作为它自己的主要目标，休闲享受娱乐只是一种调剂和休整。如果本末倒置，要想不出问题是不可能的。

"今天我们这个社会也面临着一些问题。之前50年代、60年代，甚至70年代早期出生的人，接受的还是相对传统的教育。当然这种传统教育自身也存在一定的问题，但至少有一点它是鼓励人上进和奋斗的，教育人要有事业心。但这之后出生的孩子，由于生活环境的改善和独生子女政策，价值观发生了很大变化，至少有一点，吃苦能力下降了，奋斗意识减弱了。

"今天中国经济的蓬勃发展，一方面是来自于制度的改善，但是很重要的一方面也来自于软实力的强大，也就是价值观的强大。我们的经济发展这么快，企业制度上不比别人强，管理上也不比人家高明，说白了是中国人玩得少、干得多，这么一步一步干出来的，人家干八小时，我们就干十小时。我们要明白自己的核心竞争力到底是什么，我们的优势到底是什么。在没有真正发展起来之前，不能早早就丢掉自己真正的本钱。即使将来发展起来了，也还是不能忘本。

"作为组织来讲，当它的价值观出现问题、出现偏离时，这个组织离出现问题就不远了。现在一些欧洲国家，人们一年的工作时间很短，每天工作七个小时，每周工作四天，碰到一些节假日还要放假，平均下来一周只工作不到四天。这些国家有很好的福利，人们也不愁生计，因此就满足于现状，而且比较懒惰。这种做法，很可能在未来导致国家的整体落后。问题是，人家现在毕竟是发达国家，还有资本可以懒惰，我们这样的发展中国家，如果还没有发展起来，人就懒惰了，后果真是很难想象，怕是永远赶不上人家了。

"现在有个新的问题出来了，有些富裕家庭有产业，思想比较进步，对孩子从小教育比较严，让他将来有能力执掌庞大的家业。反倒是一般家庭和中产阶层，很多人在溺爱孩子，让孩子超前消费，孩子长大之后高不成低不就，自己挣的钱根本不足以维持自己原来的生活品质。"

田雷懒懒地呷了口咖啡，提出了问题："这种价值观的蜕化是不是不可避免的呢？"

古岳缓缓道："人性本身就是好逸恶劳的，造物主就是这样安排的，所以古人说'国无内忧外患者，国恒亡'。没有压力，没有竞争，就必然会产生价值观的蜕化。不但个人如此，任何一个群体性组织如果没有外部的威胁和内部的竞争，其价值观就一定会发生堕落，其机体就会腐烂变质，这是不以个人意志为转移的客观规律。大明王朝，八旗铁骑，都是在取得天下无敌的地位后被这种价值观的蜕化堕落所腐蚀，到最后一败涂地。古今中外，概莫能外。"

田雷插话道："所以，聪明的领导者即使在本组织取得绝对优势后，也总是保存自身的内部竞争，适当保留外部威胁，也是为了保持组织的活力和竞争力，让组织不至于腐烂。流水不腐，户枢不蠹嘛。"

金悫心里有些感触，于是补充道："我们国家历史上总是有这个现象，占据中原的政权，国家发展到一定程度就变成了堕落腐败，孱弱不堪了，要么被内部的新兴势力推翻了，要么就被草原民族征服了。草原民族征服中原之后，很快在几十年的时间里高度汉化，也逐渐变得孱弱不堪了，接着被更新的新兴势力征服。"

"为什么草原民族一旦入主中原就会逐渐堕落呢？"一个有些羞怯的女声在旁边问道。三人扭头一看，原来是一直静静站在旁边的林茵，一双清澈的眼睛略带羞涩地在看着他们。

"哦，原来你对这个问题还挺感兴趣？"田雷高兴地问道，女孩子点点头。

田雷作循循善诱状，柔声说道："其实这不是中原汉族融合的问题，草原民族本身也存在兴衰的循环，很多部落首领在达到兴盛的顶峰后也会有腐化堕落的情况发生。但是总的来说，草原民族的生活方式比较简单，比较朴素，首领们的起居饮食不像中原的帝王将相们那样糜费巨大，平时也没有那么多兴师动众的繁文缛节，给老百姓的负担比较小。草原地区游牧部落众多，战争频繁，生存危机感比较强，也不容易腐化堕落。那些能够打到中原的少数民族政权一般都是能够一统草原的佼佼者，能征服那么多草原部落，它本身就是非常强悍善战的。这些人到了中原以后，被中原地区的繁华生活所吸引，也有的是盲目学习儒家文化，就开始效仿原先汉族贵族的生活方式，逐渐失去了本民族弓马娴熟的特点，开始变得腐化起来，沉溺于酒色享受中，以前的强悍气概也就不复存在了。不过，归根结底，倒并不是汉化会让他们腐化，而是因为他们取得了一时的霸主地位之后，往往纵情酒色忘乎所以，这才导致了腐化堕落的局面。历史上不少少数民族政权尚未进军中原，在塞外称霸后也是昙花一现，一部分原因也是因为骄奢淫逸。"

说完，田雷笑着问林茵懂了没有，林茵点点头。

金恋望着林茵补充道："简单地说，简单朴素的生活方式确实能够比较好地保持积极向上的价值观。这个道理很清楚，生活方式简单了，人们就容易保持精神方面的追求，会去追求事业成功所带来的成就感。反之亦然。"

"举例来讲，春秋时最先富强起来的国家是齐国，而且齐国把这个优势保持了很长时间，但是最终统一中国的是秦国。其实齐国各方面的条件始终不比秦国差，导致它落后的一个重要原因就是齐国人的生活方式比较奢侈，使自身失去了进取意识。

"《诗经·齐风》中就描写了大量齐俗尚侈的情况，极力渲染和炫耀齐人婚嫁的铺张奢侈和声势浩大，反映了齐人的风俗特点。管仲是齐国的名相，辅佐齐桓公称霸。他生活奢侈，可以与国君相比，而齐人认为这是理所当然的，不以为怪，足见齐俗的奢侈观念。齐桓公、齐景公、齐灵公、齐宣王等齐国历代君主也都是非常奢侈的。齐地富饶，齐人尚侈，也就早早失去了进取心。齐国在春秋战国时期很少主动对外发起战争，在诸侯国纷纷兼并的时候，齐国很少有作为。到了战国中后期，秦楚两国成为争霸的主角，齐国已经退居次席，碌碌无为，最终向秦投降。

"秦国处于西陲，紧邻西戎，民风也近似西戎。秦人思想简单淳朴，上下有秩。秦人生活俭朴，骁勇善战，'闻战相贺'，听说要打仗了竟然互相祝贺。与齐国不同，秦国历代君主生活也相对比较朴素简单，秦、齐两国的社会风气形成了鲜明的对比。生活方式不同，价值观也不同。秦国的历代君主和人民能够长期不断地进取开拓，不断向东扩张直至统一中国，价值观的力量是巨大的。《诗经·秦风》里有一首赫赫有名的《无衣》，'岂曰无衣？与子同袍。王于兴师，修我戈矛。与子同仇'。普通秦人在出征前的互相安慰、鼓励，透露出一种上下一心、同仇敌忾、慷慨悲凉的情感，展现了那个时代秦人的风貌，在别国的诗风里是少见的。除此之外，秦人注重实际，急功近利，形成了'贪狼强力'的风俗，是一种狼性文化，与儒家提倡的重礼义道德大不相同。秦的社会风气与齐、鲁等国的社会风气形成了鲜明的对比，所以商鞅变法造就了秦的强大，秦人的特点也成就了商鞅新法。换个地方，商鞅的新法也许根本实行不下去。"

说到这里，金惢来了谈兴，又找到了课堂上的感觉，原先是对着一边的林茵说话，说着说着就转向了古岳和田雷，开始了长篇大论。

"西汉时期，汉武帝很奢侈，但有惊无险，侥幸过关；西汉的灭亡主要是外戚篡权，主因不在奢侈。刘秀建立了东汉，东汉的灭亡则是与统治者桓帝、灵帝的奢侈糜烂直接相关。刘秀在历代开国帝王里，论人品、论能力都是非常杰出的。刘秀在用人、谋略、作战指挥方面都是非常出色的，料敌如神，算无遗策。跟随他创业的功臣，最后都富贵善终。刘秀统一全国后，也没有对外用兵，而是修养安民。刘秀一生节俭，毕生钟情于结发妻子阴丽华，全无一般帝王三宫六院的作派，但是他的后代仍然不可避免地陷于腐败之中。"

田雷听金惢说得离题万里，心里有点不耐烦，有心打断，看看林茵听得入神，只好作罢，好在金惢很快又转回来了。

"曹魏代汉，三国并峙。曹操之后，曹丕就开始有些奢侈。曹睿非常有才略，但比父亲曹丕更加奢侈、更加好色，结果去世很早，大权也就旁落到司马懿手里。司马懿的孙子司马炎以晋代魏，这就是西晋武帝。司马炎在灭吴后统一天下，然后就开始奢侈腐败，上行下效，贵族们的奢侈相当夸张。中国历史上著名的石崇夸富，就发生在这时候。西晋跟秦朝一样，也是二世而亡。司马炎这个皇帝很有意思，为人宽宏大量，还挺有幽默感，但他还是见识短了点，以为天下从此太平，就开始了穷奢极欲的生活，上行下效，导致朝野上下一概奢靡不堪。

"这次错误犯得还不小，从此少数民族武装开始出入中原，战乱不断，中国长期分裂的南北朝拉开了序幕，民族大融合开始了。自此，由奢及乱，由乱及治，再奢再乱的怪圈开始在南朝和北朝频繁上演，政权也不断更迭。隋朝崛起于北方，灭陈统一全国，结束了南北朝。隋朝皇室是高度汉化的鲜卑人与北方汉族人的融合体，文化上并没有什么差异，但是已经代表着皇室不再是单纯的汉族血统。隋朝和秦朝一样，也是二世而亡，灭亡的原因几乎都是一模一样的。

"唐朝代隋，李氏皇族吸取了隋的教训，一度励精图治，国力强盛。但是一旦形成了盛世，就又开始奢侈腐化。安史之乱后，唐朝开始走下坡路，黄巢起义又给了它沉重一击，未几唐亡。

"之后就是五代十国，梁、唐、晋、汉、周，几十年就换一朝，而且每一朝还腐败得很快。从魏晋之后，除了唐朝早期之外，历代帝王们的价值观似乎也变得很混乱，之前是帝王们消灭内忧外患之后开始腐败，而在这一时期很多帝王们往往在内忧外患不断的时候就迫不及待地奢侈腐化，概括说就是堕落得特别早、特别快、特别彻底，政权更替也因此特别快。政治制度没有任何进步，价值观倒是大大退步了。宋朝算是结束了这种四处割据的局面，但是北方燕云十六州都是契丹族的领地，宋朝无力恢复。今天的山西一带，就成了宋朝的北部边疆。但是宋朝君主们的价值观也没有任何进步，宋太祖灭蜀，纳了蜀主孟昶的花蕊夫人为妃；宋灭后唐，俘获了后主李煜和小周后，宋太宗还不忘记强占小周后。仁义道德，这时候都不管用了。辽国还在北方，北宋的皇帝们腐化得也不慢，到宋徽宗的时候已经奢侈堕落得很厉害了，结果北宋继辽之后，也被金灭掉了，这就是'靖康之耻'。宋朝皇室的后妃公主和宫女们随着宋徽宗和宋钦宗被押往今天的东北黑龙江，沿途被金军官兵像牲畜一样蹂躏。

"在那一段时间，辽国入主北方后高度汉化，被金灭了。金入主中原之后又高度汉化，被蒙古灭了。北宋被金灭掉之后，跑到江南的赵构建立了南宋，没过几代又是高度腐化，不但无心也无力收复北方，连自保都成为大问题，最后还是被元给灭了。元统一全国之后又快速衰落，过去横扫欧亚大陆的蒙古铁骑变得孱弱不堪，最后被农民起义军赶走，明朝就是这样建立的。比起之前的宋朝，明朝就强多了，至少把汉族在北方的传统领地收复了，而且相对于少数民族政权来说还占据一定的优势。我们看看历史，就知道中原民族在唐以后其实就相当孱弱了，几百年时间都被挤压在南方，往北竟然过不了山西。

"中华民族是一个伟大的民族，汉族与少数民族通过贸易、合作、人口迁移、通婚，甚至战争等形式，给民族融合一次次注入新鲜血液，这是一个民族大融合的过程。整个中华民族的形成就是一个民族大融合的过程。这种民族大融合使得疆域1000多年来不断扩大，清朝相比明朝，新增了大量的领土。

"但是，这个过程对当时的人民来说是存在痛苦的。元灭南宋后，原南宋属地的人民过着极为悲惨屈辱的生活，被元朝称为'南人'，排在蒙古人、色目人等之后，地位最为卑贱。

"明中期以来沿海倭寇骚扰加剧，构成了'南倭'与'北虏'两方面的威胁。这时期东北的女真部落，即满族的先世，并没有对明朝造成威胁。虽然出现过几个敢于袭扰明朝领地的女真首领，但是都被剿灭了，女真因此元气大伤。明朝许多官员认为女真不像蒙古那样可怕，也从未对女真的骚扰产生危机感。

"万历初年，女真各部蜂起，引起了明朝的关切，但其防御的重点也是放在了海西方面，对建州仍未特别注意。努尔哈赤于1583年起兵，志在统一女真，并在三十余年后取得了完全成功。在明朝眼皮子底下逐渐养精蓄锐，羽翼丰满。这个过程中，努尔哈赤还不断贿赂明朝官员，在明朝官员的帮助下势力不断扩大。明朝上下就是如此麻痹大意，等待努尔哈赤攻陷抚顺时，其势力之强已经无法遏制了。到了这个时候，明王朝的崩溃就进入倒计时了。明朝之亡，亡在其妄自尊大，缺乏危机感。

"到了清朝，由少数满族人联合蒙古族人统治占绝大多数的汉族人，所以危机感很强。在中国所有朝代里，清朝皇帝是最勤政的，虽然他们汉化得也很彻底。虽然清代历任皇帝的能力不同，但大体都不算腐败。其中康熙和乾隆在位时间很长，前后共计100多年，这就是所谓"康乾盛世"。夹在两人中间的雍正是清朝皇帝里最勤政的，也比较有作为。到了清朝末期，道光皇帝在位时间不短，能力不算强，但是比较勤政，而且非常节俭。不过，清朝官员们的奢侈腐败还是很厉害的，因此清朝不可避免地也走上了下坡路。咸丰登基后，清朝已经江河日下。太平天国运动、第二次鸦片战争都发生在咸丰在位期间，从此清朝大势已去。"

讲到这里，金惫自觉得该歇歇了，于是停下来呷了口咖啡。田雷刚想说几句话，还没有想好，古岳却开口了。

"缺乏危机感的一个副产品就是民族精神的萎靡不振。"古岳说道，"前面我们说过明末社会的种种糜烂风气，就是整个社会缺乏危机感的后果。到后来，十几万八旗军队就能够征服全国，可以想象明王朝的素质已经孱弱到何种程度。其实各地人们都有自己的光辉战史。东北人善战，西北人善战，这我们都知道。湖南人，组建了当年的湘军，很能打仗。湖北人，有当年的将军县，出了多少英雄。云南人、四川人、广西人，打仗都很厉害，都是骁勇善战。我们印象里江浙一带人比较文弱，其实也不然，戚继光抗倭和防御蒙古的主力精锐都是浙江人，也是很能打的。倭寇和蒙古骑兵的作战能力都很强，都被这些浙江人打败了。但是明朝后期的奢侈腐化，把我们民族给彻底拖垮了。对于任何一个组织、国家、企业来讲，保持危机感是非常重要的，没有危机感，就会奢侈腐化，往往离失败就不远了。"

古岳刚一停顿，还没等田雷插话，金惫又开口了："回顾这段历史，有几个问题值得思考，一是先盛后衰的历史轮回怪圈已经上演了很多回，基本上都是因为奢侈腐化堕落，但是古代历史上一直无法逃避开这个怪圈；放眼欧洲历史，也是如此，前后延续千年的罗马帝国之所以灰飞烟灭也是同样的原因。道理上，不仅我们懂，当时的古人都懂，甚至古人的先贤早有教诲，但还是明知而犯。

"二是从整个历史来看，文明和价值观之间的关系似乎是一个悖论。每当出现和平发展的繁荣阶段，也就是我们常说的盛世，文明高度发展，而价值观也随之发生变化，人们开始变得奢侈萎靡，贪图享受。这时候，动乱就开始酝酿形成了。如果中国古代文明能够不断保持危机感，中国历代王朝能够从一次次教训中吸取教训并调整自己，就可以避免周而复始的死循环。但遗憾的是，真实的历史总是在循环往复中前进，最为可惜的例子可能就是宋朝。

　　"因此，我们是不是可以说，价值观、危机感及相应的人口素质，是超越组织制度、发展战略甚至客观环境的更高层的要素？如果价值观和危机感方面出了问题，甚至就是对组织制度、发展战略以及客观环境的降维打击？"

　　田雷很有点郁闷，他平时最恼火金惹评论历史时的两个毛病，一是对比不同时代的人物，白起斗韩信，关公战秦琼，不亦乐乎；二是发表一大堆思辨性的议论话题，恰似烂泥塘，谁也不知到底有多深。结果今晚全赶上了。金惹讲得很投入，田雷偶尔看一眼林茵，看她听得也很认真，心里暗暗称奇。

　　田雷觉得应该说几句话了，于是总结道："一个国家十年间的兴衰，由环境决定；五十年间的兴衰，由人才和战略决定；一百年间的兴衰，由制度决定；一千年间的兴衰，由思想决定，是不是这样啊？"

　　古岳笑道："你的说法有点堆砌词藻的意思，不过主要思想是对的，某种程度上能够适用于企业。盛极则衰，对很多企业来说，它强盛的时候往往也埋下了衰败的种子，所以领导者万万不可自大。我们国家的民营企业多为家族企业，咱们的这些企业起步都不易，要真想做大做强，成为百年老店，现在看不乐观。我们企业经营的落后，根子是在管理上，把技术学过来容易，管理上学过来就不那么容易了。很多企业的失败，就在于形势一好就飘飘然，丧失了危机意识。价值观、危机感、反省精神、学习态度、创新思想等，对企业家们来说讨论这些问题就很有现实意义了。"

夜色已深，三人谈到这里，都有点疲惫。田雷转头一看，林茵已经换班了，一位和蔼的中年服务员走过来送账单，田雷遗憾地轻轻叹了口气。

三人谈毕散伙，金悫和田雷先走，古岳就留住在香山，他喜欢在山上过夜，早上正好可以早早爬山。

一时还没有睡意，古岳就走出饭店散步，再赏赏月。

夜色下的香山，别有一番韵味，甚至有胜于白日之景。月色之下，香山静谧而幽美。远望，山形如蟠龙睡卧，意境深长；近处，林木泉石，韵味别具。夜色里的香山，空气中总是暗香浮动。古岳早年走南闯北，见多识广，可还是觉得香山夜里的林间异香有如名茶，让人品味无穷。也许，当初香山得名的真正原因就是这种特别的香味吧，古岳这样想道。

一轮明月挂在空中，周围漂浮着淡淡的几抹云彩。远方地平线上是繁华的北京城，高楼大厦上的霓虹灯格外醒目，矗立在三环边上的电视塔上灯火通明。

远处小路上慢慢走来两个人，看来是依偎在一起的一对恋人。古岳开始没太在意，两人渐渐走近，他认出那个男孩子竟然是儿子古江，那个步态轻盈的女孩子恰恰是刚才给他们端咖啡的林茵。古岳这才恍然大悟，原来林茵是古江的女朋友，古江这是来接女朋友下夜班的，两个人还不忘在香山上一起散散步，浪漫一回。

这对恋人还陶醉在二人世界里，竟然没有注意到石佛般站在树影里的古岳。古江脸上依然是一副故作稳重的表情，林茵娇美的脸上带着甜甜的笑容，边走边不时仰起脸跟古江说着什么，丝毫没有刚才工作时的那份矜持。"良辰美景奈何天"，香山，毕竟是曹雪芹构思《红楼梦》的地方。

"这些孩子们啊，这么晚了，怎么还在山上溜达？"古岳心里嘀咕道，毕竟有代沟，他有点看不惯，又无可奈何。面对眼前这金童玉女般的现代版贾宝玉和林黛玉，古岳自嘲起来，联想到自己很有点贾政的味道。

其实了解古岳的人决不会把他想到贾政头上去。古岳高中毕业就参了军，军校毕业后一直在总参谋部某直属部门工作，经商是他退役后的事情了，只是这一段经历不为身边人所知罢了。得益于部队里的磨练，古岳在事业上谋勇兼备，稳扎稳打，很有一番成绩。只不过时代不同了，他一方面没有机会像父辈那样叱咤风云，建功立业，一方面又多少有点看不惯下一代，从这一点看，他倒是真有点贾政的尴尬味道。

望着古江和那个女孩子的背影，古岳忽然想到，自己的父亲当年在平津战役初登西山时也大致是在古江这个年纪。古江的容貌与几次从死人堆里爬出来的爷爷酷似，人生经历却是多么不同。古岳对父亲的青年时代就已经充满敬重，对自己儿子的未来却不无担心。

月光如水一般洒在山林里、小路上，和着空气里飘动的阵阵淡香，让人仿佛有置身世外的感觉。在古岳眼里，遍地月光洒出的却是一片清静和寂寞。

山麓之上，山风轻轻拂过树林，涛声好像是低低的龙吟。

古岳抬头凝望着龙头般的山峰，胸中似有块垒，却无从倾吐。

香炉峰静静地矗立着，注视着远方的灯火，注视着山上山下这祖孙三代人。

后记

　　本书并非专业历史著作，著者也是业余人士，才疏学浅，难免有大量疏漏之处。本书史料解读部分的历史分析内容里，如果说多少有点新意的话，有些地方是借助了跨域的知识融合，尤其是将历史内容与军事理论进行跨域分析比对，是能够有所收获的。

　　当然，这也并非笔者所创，而是师古人和今人之智罢了。曾国藩在读《史记》时，对其中楚汉战争里几次江河战役的记载就有异议，认为不可信。他质疑的对象包括韩信渡河击魏豹、韩信背水一战击败赵国和韩信蓄水冲垮龙且军等著名战役。曾国藩是儒学大师，久历戎行，老成持重，湘军谙熟水战，评论的又是《史记》，没有十足的把握他是不会这么说的。

　　《史记》当然是一部伟大的历史著作，但是司马迁毕竟是个人修史，加上秦始皇焚书坑儒、秦汉之际战乱，导致这一时期文字记载不全，司马迁在修史的时候有所遗漏也在情理之中。在史书中这也是常见的，毕竟那是古代。另外有一点要指出的是，司马迁本人缺乏军事方面的背景，他笔下的有些记载是不符合军事常识的。

　　另一个值得一提的事件就是周文驻军于戏的历史事件。《史记》记载，陈胜起义后，他派出的周文所部到达函谷关时，已有兵车千辆，战士几十万，周文进军到戏，有很长时间停滞不前。秦少府章邯把修建骊山墓的数十万刑徒和奴隶编成军队作战，周文兵败自杀。后来章邯又率部出函谷关反扑义军，消灭了陈胜主力，杀死项梁，打了不少仗，最后被项羽在巨鹿一战击败。章邯率余部投降，项羽入关中之前坑杀了20万秦军降卒。后来的历史就是"鸿门宴"、楚汉相争，就不在此赘述了。《史记》中对这一段历史的记载同样还有很多令人费解的地方，为什么周文在长途进军后，却在咸阳附近的戏逗留很久？《史记》没有说原因。为什么章邯率领由刑徒和奴隶组成的大军能够横扫半个中国，扑灭了陈胜和项梁起义军，却在北方秦军主力参战的情况下彻底覆灭？巨鹿之战距离陈胜起义的时间已经相当久了（当时陈胜所部已经在起义半年后失败了），北方秦军才姗姗来迟，这在军情如火的时候与反叛何异？如果真是这样，北方秦军为什么还要参战，以至于被集体屠杀？

现代学者的考古工作发现了其中一些问题，例如周文驻军于戏的问题，现代学者经过考证，发现当时的戏是秦的京城卫戍部队中尉军的驻地，地势险要，属于咽喉要道。当时数万名秦中尉军驻守于此（这是秦军在京城附近的唯一一支主力部队），挡住了周文的进军，为秦军的反扑赢得了时间。这才是历史的真相。其实这也是综合各方面知识结合史实进行跨域比对分析的例子。这就解开了一个历史谜团。

北方秦军30万主力部队驻守在北部边境的长城一线，按说不存在南方秦军的难处，是可以南下参战的，而且北方地区交通较为方便，不应耽搁过长时间。但是在《史记》的记载中，在关东的反秦起义爆发后，却迟迟看不到北方秦军出现。直到后来，在巨鹿之战中被项羽击败的秦军中才出现了这支部队的身影。其出现之晚令人费解，而且一"出场"就被消灭了，最后被项羽坑杀的20万秦军降卒就是这支部队的士兵。但是项羽保留了这支部队里精勇异常的楼烦骑兵，后来在彭城大战中大发神威，打垮了刘邦的数十万大军。

其实这还不是全部。按照《史记》中的记载，章邯把数十万骊山刑徒和奴隶编成军队作战，反扑周文起义军，一再得胜，解了燃眉之急。在短短几个月内把几十万平民编练成军队，都是非常困难的，更何况把几十万刑徒编成军队。而且当时骊山刑徒基本上是关东六国人士，本身就痛恨暴秦，如果手持武器，大家都去反戈一击才合乎逻辑，即使不造反，逃跑总是可以的。如果章邯手里没有十几万甚至几十万秦军作为威慑力量，他命令几十万手持武器的刑徒去行军都非常困难，更别提靠这些人组成的军队去镇压同是六国人的起义军，还能够横扫半个中国，这就不是历史，是神话了。商纣王在牧野之战里动员了十几万奴隶参战，后面还有商军督战，结果奴隶们临阵倒戈，反戈一击，商纣王兵败自杀。何以到了章邯手里，一切规律都改变了呢？

历史的真相到底是什么？其实只有一个可能，那就是反扑周文起义军的不是刑徒组成的部队，而是从长城回援的北方秦军主力。陈胜起义后，秦军主力远在边塞，中原空虚，起义军向四方扩展，呈燎原

196

之势。北方秦军回师的唯一目标只能是京城咸阳，如果京城有失，那就一败涂地了。胡亥和赵高再糊涂也不可能不明白这个小孩子都知道的道理，而且周文都打进了函谷关，咸阳附近只有一支几万人的中尉军，秦王朝别无选择。而北方秦军即使行动迟缓，只要他们不造反，就不可能不回援京城。在秦中尉军阻击周文军并为秦廷争取了时间后，北方秦军赶到了，并会合中尉军对周文军发起反击。在这场战役中，骊山刑徒和奴隶只能是配角，充当一些后勤人员的角色。只有小部分身体精壮的刑徒和奴隶可能被补充到战斗部队里，因为如果手持武器的刑徒和奴隶太多了，秦军自身的安全都会成问题。至于后来秦军解围荥阳，击灭陈胜，袭破项梁，都是以北方秦军为主力完成的。如果不是这样的话，项羽后来坑杀的就不是20万秦人，而是数十万前骊山刑徒了。也正因为这个原因，到了巨鹿之战时秦军已经疲惫不堪了。永无休止的跋涉、战斗和越来越多的敌人，让这支曾是天下无敌的军队战斗力大大削弱了。巨鹿之战的项羽固然有勇有谋，但是命运也帮助了他。

当然，这也仅仅是一个例子而已，也希望给专业的考古工作者提供一点线索，如果能够帮助他们来揭开更多的历史之谜，就是幸甚至哉了。

时至元旦，小诗一首辞旧迎新。

庭前远望千山远，

林旁近览碧水寒。

昨夜白雪封旧岭，

今朝青松入新天。

第一版终稿于2010年元宵节　香山

第二版终稿于2021年春节　枫叶岭